宇都宮大学国際学叢書

地域のグローバル化にどのように向き合うか
―外国人児童生徒教育問題を中心に―

田巻松雄

協力：HANDSプロジェクト

地域のグローバル化にどのように向き合うか
―外国人児童生徒教育問題を中心に―
目次

目次

はじめに …………………………………………………………………… 6
外国人児童生徒―将来の「下層」か「グローバル人材」か

第Ⅰ部　多文化共生と外国人労働者問題

第1章　多文化共生を考えるために ……………………………… 12
第1節　「地域における多文化共生推進プラン」…12
第2節　「共生」の内実や言説を問う議論…14
第3節　多文化共生と共生を考えるための論点…20

第2章　日本における外国人労働者問題―韓国との比較を通して …… 23
はじめに
第1節　外国人労働者の増大と流入形態…24
第2節　外国人労働者の基本特性と1990年代の施策…30
第3節　2000年代の施策とその背景…36
第4節　論点の整理…42

第Ⅱ部　外国人児童生徒教育問題の諸相

第3章　外国人児童生徒と教員を取り巻く環境 ………………48
はじめに
第1節　外国人児童生徒数の推移と国の基本方針…48
第2節　外国人児童生徒を取り巻く環境…53
第3節　教員を取り巻く環境…59
おわりに

第4章　外国人生徒の進学状況…………………………………69
はじめに
第1節　外国人生徒の高校受験資格…72
第2節　特別枠と特別措置…74
第3節　栃木県における外国人生徒進路調査結果…77
第4節　事実の整理といくつかの論点…89
おわりに

第5章　ニューカマー系外国人学校の現状と課題 …………96
　はじめに
　第1節　学校の種類と外国人学校の位置づけ…98
　第2節　外国人学校の全体的な状況と推移…100
　第3節　5校の事例…104
　おわりに

第Ⅲ部　HANDSプロジェクトの実践

第6章　「地域のグローバル化」に向き合う …………… 122
　はじめに
　第1節　新構想学部としての国際学部…122
　第2節　新構想型学部の実態調査より…124
　第3節　国際学部の歩み…128
　第4節　「グローバル人材」育成の議論…130
　第5節　「地域のグローバル化」と「地域からのグローバル化」…134

第7章　HANDS成立の経緯―公共圏構築の試み ………… 138
　はじめに
　第1節　問題意識…138
　第2節　調査の概要と活動の軌跡…141
　第3節　協働型プロジェクトの推進と拠点構築…145
　第4節　懇談会発足と事業の開始…148
　おわりに

参考資料①　HANDS「3年間のあゆみ」 ……………… 155

参考資料②　教員の声（「在籍校調査」より） ………… 181

おわりに …………………………………………………… 192

はじめに

外国人児童生徒―将来の「下層」か「グローバル人材」か

　外国人児童生徒の教育問題は、1990年代に入って主にブラジル・ペルー人の南米系ニューカマー（新来外国人）の子どもたちが数多く日本の公立の小中学校に就学するようになり、注目を集めた。それから20年が過ぎた。この間の大きな変化は、ニューカマーの子どもたちの定住化傾向が強まったことであろう。
　日本で定住化傾向を強める外国人児童生徒は、どのような就学コースを経て、どのような職業に就いてきたのだろうか。そしてまた、外国人児童生徒は、今後、どのような就学コースを経て、どのような職業に就いていくのだろうか。定住化傾向が強まる中で、日本の高校への進学を希望する外国人生徒は増加しているが、外国人生徒の高校進学率は日本人生徒に比べてはるかに低い。また、高校在学中にドロップアウトしてしまう外国人生徒の比率は日本人生徒に比べて高いと思われる。この現状を放置すれば、高校進学できない外国人生徒や高校からドロップアウトしてしまう外国人生徒が「下層」として日本社会に固定化されていくだろう。一方、外国人児童生徒として日本の小中高校から大学に進学し、多様な分野で活躍している外国人も出始めている。なかには、2言語ないしは3言語を使いこなし、グローバルに活躍している人材もいる。このような事実を踏まえれば、外国人児童生徒は将来の日本を背負う「グローバル人材」の候補生でもある。
　定住化する外国人生徒が「下層」として固定化されていくのか、あるいは日本の将来を背負う「グローバル人材」に成長していくのか、この分岐は今後の日本社会を極めて大きく左右する。「下層」の固定化を抑止するとともに、「グローバル人材」を育成するための具体的な知見を見いだせる実践的な研究が強く求められている。外国人児童生徒の教育問題に関する本書の最も

根本的な問題意識は、以上の点にある。

　筆者は、2004年から、主に栃木県をフィールドとする外国人児童生徒教育支援のための調査研究と事業に関わってきた。栃木県は南米系児童生徒の割合が非常に高い県であり、南米系児童生徒を中心に外国人児童生徒の教育問題を検討するうえで、注目する意義が高い地域と言える。文部科学省は1991年度から日本語指導を必要とする外国人児童生徒の受け入れ状況調査を開始したが、この調査は、90年6月の「出入国管理及び難民認定法」の改定以後に急増した日系南米人児童生徒への対応という性格を強く有していた。入管法改定以後、国レベルでも地域レベルでも主に問題視されてきたのは、日本語指導が必要な南米系児童生徒の存在であり、増加である。

　2004年から開始した研究プロジェクトは、地域貢献を強く意識すると同時に、栃木県全体をカバーするという点に特色があった。このため、外国人（児童生徒）の集住地域も分散地域もカバーすることとし、外国人児童生徒が比較的多く在籍する学校とそうでない学校のいずれをも対象とする調査を行ってきた。また、地域貢献を推進するために県内様々な地域の関係者との「協働」を重視してきた。大学が「拠点」となり、県全域の関係者が一緒になって自由に討議し、調査を計画・実行し、その成果を地域に投げ返していくような協働型のプロジェクトは、全国的にも非常にユニークなものと思われる。

　一方で、筆者は、東アジアにおける人の移動について注目してきた。日本・韓国・台湾は約20年前のほぼ同時期に外国人労働者を実質的に受け入れた点では共通するが、その後の展開は大きく異なる。台湾はいち早く1990年代初頭に外国人労働者の正式な受入に踏み切った。韓国は2004年に雇用許可制を制定し、外国人労働者の正式な導入を始めた。日本は「単純労働分野での外国人の就労は原則として認めない」という方針を堅持しつつ、日系人への優遇措置や非正規滞在外国人への「黙認」等を通じて、正面からではなくあいまいな形で外国人労働力の確保を図ってきた。韓国や台湾との比較からは、外国人労働者問題の日本的な特徴や問題性が浮かび上がる。

外国人児童生徒の教育環境を論じる際に重要な要因を、いくつかのキーワードに引き付けて整理しておこう。第一は、「同一」や「平等」に関する。日本政府は、外国人児童生徒には就学義務を認めていないが、公立の義務教育諸学校へ就学を希望する場合には、国際人権規約等も踏まえ、日本人児童生徒と同様に無償で受け入れ、日本人と「同一の教育」を受ける機会を保障しているという。就学義務はないが就学の希望があれば受け入れ、日本人と同一の教育を保障するというスタンスに一見問題はないが、内実はどうか。例えば、高校進学は日本人生徒にとってすでに「当たり前の進路選択」であるが、外国人生徒にとってはそうではない。外国人生徒の高校進学率を上げるためには、「特別な」情報提供や動機づけが必要であろう。

　第二に、「特別な配慮」がある。再び高校進学問題を例に取ると、日本語のハンディ等に勘案して、外国人生徒の高校受検のための特別枠や特別措置の制度を設けている都道府県がある。しかし、その中身や条件は都道府県ごとに大きく異なっているのが現状であり、特別枠や特別措置がこれまでどのような効果を有してきたかについて把握できる行政データはほとんどなく、その実態は不透明である。

　第三に、外国人児童生徒教育の実情においては、「地域格差」が大きいことが指摘されてきた。自治体により異なる事情としては、過年の適用、外国人児童生徒入学者への就学案内・通知、高校受検の特別枠や特別措置の有無、定時制高校の数と定員、などがある。外国人児童生徒の教育環境は、親の都合等でたまたま居住した地域の特性によって大きな影響を受けることになる。

　第四に、「非正規」の問題がある。日本に暮らす学齢期の外国人児童生徒の就学パターンは4つに分類される。日本の公立校に在籍する場合、日本の私立校に在籍する場合、外国人学校に在籍する場合、いずれの学校にも属さない「不就学」の4つのパターンである。外国人学校は、日本政府によって「正式な学校」と認められておらず、「非正規」な学校である。また、南

米系外国人学校の多くは各種学校としても認可されていない。このため、外国人学校は制度的な教育保障の枠組みから外され、学校運営は財政的な問題を始めとして厳しい状況を余儀なくされている。

　本書は、栃木県・日本・東アジアの諸地域での人の移動をめぐる研究の蓄積をベースにして、日本における外国人児童生徒教育問題を論じるもので、三部から構成される。

　第Ⅰ部では、多文化共生と外国人労働者問題を取り上げる。外国人児童生徒教育問題を考えるうえでも、「互いの文化的な違いを認め、共に生きていくこと」を重視する「多文化共生」の発想が必要である。しかし、多文化共生や共生といった響きのいい言葉が大きく叫ばれるなかで、大事な問題や課題が見過ごされていないかという点に注意が必要である。Ⅰ部では、まず、多文化共生という言説をめぐる問題を整理する。次に、日本における外国人児童生徒の存在や増加は、日本政府の独自な外国人労働者受入政策の産物であることを、韓国との比較を踏まえながら、明らかにする。

　第Ⅱ部は、外国人児童生徒教育問題の実証的な研究からなる。外国人児童生徒教育問題は、外国人児童生徒が直面する問題でもあるし、日本語指導教員等関連する教員が直面する問題でもある。まず、外国人児童生徒と教員を取り巻く基本的な環境を整理する。次に、特に研究蓄積が乏しい高校進学問題と外国人学校に関する問題を取り上げる。全体として、「同一の教育の保障」、「特別な配慮」、「地域格差」、「非正規」等の意味を探求しながら、外国人児童生徒が直面している厳しい現状を明らかにする。ここでは、栃木県で行ってきた「外国人児童生徒在籍校調査」、「外国人生徒の中学卒業後の進路調査」や茨城・静岡・愛知県の他地域で実施した聞き取り調査から得られたデータ等を使用している。

　第Ⅲ部では、宇都宮大学HANDSプロジェクト（以下、HANDS）の取り組みや成果を発信する。HANDSは、宇都宮大学国際学部と教育学部が中心となり、外国人児童生徒教育問題に関する実態調査やニーズ把握をベース

にして、2010年度から開始した外国人児童生徒支援事業である。HANDSの特徴は、外国人児童生徒の就学保障と教育環境の改善に向けて、大学が人的・物的資源の有効活用を図りながら、地域の関係者との協働体制の下で進めていることにある。HANDSは「地域のグローバル化」にどのように向き合うかについての実践例であり、1つのモデルとして提起するものは少なくないと思われる。

人、モノ、情報などの国境を越えた移動が増大することに伴い、日本国内の様々な地域で国際的な社会・経済・文化・政治の共生に関する課題が生起してきた。そのような状況を指す言葉として、「内なる国際化」や「地域のグローバル化」がある。国際化が国の枠組みを前提あるいは意識して国家間のあり方及び外国・外国人との交流を検討することを意味する言葉であるのに対し、グローバル化は、国民国家という枠組みを前提とせずに地球規模の問題や人類社会の交流などを検討する言葉である。本書は、外国人児童生徒教育問題に焦点を当てるが、この問題も含め国民国家の枠組みを超えるような問題が地域で問われているとの立場に立ち、そのような状況を「地域のグローバル化」という表現で捉える。

本書で、外国人児童生徒とは、外国籍の児童生徒と日本国籍でも日本語を母語としない児童生徒を指す。教育現場や高校受検で問われるのは、外国籍であることよりも、むしろ日本語を母語としないという点であろう。文部科学省の発表によれば、2012年5月1日現在、公立学校に在籍している外国人（外国籍）児童生徒数は71,545人で、そのうち日本語指導が必要な外国人児童生徒数27,013人である。一方、日本語指導が必要な日本人児童生徒数は6,171人である。日本語指導が必要な児童生徒の81.4%は外国籍の児童生徒である。その母語別の状況は、ポルトガル語32.8%　中国語20.4%、フィリピノ語（タガログ語）16.6%、スペイン語12.9%で、この4言語で全体の82.7%を占めている。

本書が主に念頭に置く外国人児童生徒は、1990年前後から出稼ぎ目的の

ために来日したニューカマーの子どもたちである。ニューカマーは全体的に長期滞在化傾向を強めていると思われるが、日本に定住するのか、将来帰国するのか、決めていない人々も相当数に上ると思われる。この点は、オールドカマー（旧来外国人）や中国帰国者と大きく異なる点である。ニューカマーの子どもたちは、親の意志がはっきりしないなかで、不安定な状況に置かれる。「今後必ずしも日本に住み続けるとは限らない」という先行きの不透明さは、外国人児童生徒教育のあり方に対して複雑な問題を投げかけている。

第1章　多文化共生を考えるために

はじめに

　今日、日本に暮らす外国人とどのように向き合うかという課題は、多文化共生の推進という言葉で語られることが一般的になっている。総務省は 2006 年に「地域における多文化共生推進プランについて」を発表し、「多文化共生」を「国際交流」、「国際貢献」に次ぐ国際化の第三の柱として位置付けた。このプランでは、外国人の子どもの教育についての具体的な施策も述べられている。外国人児童生徒教育問題を考えるうえでも、「互いの文化的な違いを認め、共に生きていくこと」を重視することは必要である。本章では、多文化共生や共生という語が使われる文脈の問題点についていくつかの議論を整理し、その上で、多文化共生と共生の問題を考えていくための方向性や留意点を明らかにしておく。

第1節　「地域における多文化共生推進プラン」

　内閣府が 2004 年に行った『共生社会に関する基礎調査』[注1]では、「共生社会」という言葉を聞いたことがあるかという質問に対して、「言葉を聞いたこともあり、その意味も知っている」と答えたのは 18.1%、「言葉を聞いたことはあるが、意味はよく分らない」が 28.6%、「聞いたことがない」が 53.3% であった。「言葉を聞いたこともあり、その意味も知っている」と答えた人に、「共生社会」において共生するのは何と何であるかを尋ねたところ、多い順に、「高

（注1）内閣府が（1）社会参加意識、社会貢献意識、（2）他者への関心、信頼、コミュニケーションの程度、（3）生活の安全や安心、ネットワークを調査項目にして、全国 20 歳以上の者を対象にして行った調査。期間は 2004 年 3 月 3 日から 3 月 21 日までで、調査員による個別面接調査。標本数 5,000 人のうち有効回収数は 3,470 人で、有効回収率は 69.4%。

齢者と若い世代」58.3％、「近所の人どうし」42.1％、「障害のある人とない人」37.5％、「自然環境と人間」29.4％、「子どもと大人」18.8％、「男性と女性」18.3％、「日本人と日本にいる外国人」12.9％、「仕事と家庭生活」10.8％（そのほかの項目は一桁）という回答結果であった。共生という語が様々な人間関係に関して意識されていること、言葉は知っているけれども漠然としたイメージしか持っていない人が少なくないことなどが伝わってくる。

　日本人と日本にいる外国人との関係は、今日、一般に多文化共生の課題として語られている。共生という用語が文化や民族概念に結び付けられるようになるのは、主に南米系ニューカマーの外国人が増加し始める1990年代に入ってからのことである。そして、1995年の阪神・淡路大震災で外国人支援を行った多文化共生センター（当時は外国人地震情報センター）の活動が広く知られるようになり、多文化共生という言葉が使われるようになる。そして、総務省が「地域における多文化共生推進プラン」（2006年）で「国籍や民族などの異なる人々が、互いの文化的差異を認め合い、対等な関係を築こうとしながら、地域社会の構成員として共に生きていくような、多文化共生の地域づくりを推し進める必要性」を明確に打ち出して以来、多文化共生という言葉は、行政、教育、市民等の様々なレベルで急速に広まった。

　「地域における多文化共生推進プラン」は、「地域における多文化共生の意義」、「地域における多文化共生施策の基本的考え方」、「地域における多文化共生の推進に係る具体的な施策」の三部から構成されている。重要な施策が広範囲に渡って指摘されているが、このプランからは、多文化共生は基本的にスローガンとしての性格が強い言葉であること、目標としての善のイメージを強く醸し出していること、しかし、「対等な関係」や「共に生きていくこと」の意味内容は明確にされていないこと、そして、多文化共生は社会の現実を捉える言葉ではないことが理解される。一般的に言って、観念的で抽象度が高い言葉がスローガンとして用いられることによって、社会の現実の問題が見えにくくされてしまう危険性には敏感でなければならない。多文化共生は、日本に暮ら

す外国人が受けてきた差別、管理、同化といった問題に対する認識を重ね合わせることで、将来を構想する内容豊富な概念になりうる。この点を以下の議論を参照することで確認しておこう。

第2節 「共生」の内実や言説を問う議論

　多文化共生や共生の言葉・言説の使われ方に対して最も鋭い問題提起をした書物は、植田晃次・山下仁がまとめた『「共生」の内実—批判的社会言語学からの問いかけ』（2006）である。本書は、文字通り「共生」の内実を様々な角度から追究している。著者たちが共有している問題関心は、終章の以下のまとめに集約されている（野呂、2006）。本書では、共生と多文化共生はすべて「共生」「多文化共生」と表記されているので、ここの整理では、その表記に準じる。
　①「共生」は、国籍、民族、言語、宗教などの異なる人々が共に同じ空間内に住むことを前提とする。②したがって、「共生」社会には、諸集団、諸個人間の多様性や力の強弱関係、そこから引き出される、同化や排除、差別と言った問題が内包されているはずである。③現に様々な差別問題が存在する。④つまり、「共生」は極めて政治的なテーマということになる。ところが、⑤「共生」という言葉は、漠然とした意味内容のまま、求めるべき「善」として明るい調子で掛け声として用いられている。⑥この掛け声のもとで、行政、教育、一般市民レベルで様々な活動が行われている。そのような「共生」の使われ方が同化や差別の実態を見えにくくしている。と同時に、⑧諸集団に対するステレオタイプの再生産、浅い異文化理解を促す結果となっている。このような「共生」理解のもとに、没政治的に用いられる「共生」のコンテクストを掘り起こし、問題を可視化しようとするのが本論集の狙いである（236頁）。
　本書全体のタイトルは『「共生」の内実』であるが、主に「多文化共生」についての論考が収められている。ここでは、本書のなかから植田とハタノの論考を取り上げるとともに、その他いくつかの議論を整理しておきたい。

植田「『ことばの魔術』の落とし穴─消費される『共生』」は、「共生」という言葉が内実を問われないまま、「消費」されてきたことを問題として論じている。ここでは、あることばが出現・台頭し、明確な実態を伴わないまま、そのことばだけが単なるスローガンのようになったり、やがて新たな別のことばに取って替わられて衰退する過程を、一過性の流行現象として、「消費」と捉えられている。善というイメージをもちがちな「国際化」や「共生」の消費に伴い、あたかもことばの「魔術」と言える力が、政治、行政、学問と言った実生活にも及ぶというのが、植田の基本的な認識である。従来の「国際化」ということばでは対応しきれなくなった国際秩序の再編成と主として日系人の可視的な外国人の増加が、「国際化」の「消費」に替わり、「共生」ということばの登場と台頭を後押しした。

　植田は、「共生」ということばが目標としての善のイメージを持つものとして定義されてきたことと、「共生」ということばが図式的に用いられてきたことを問題視し、その弊害や落とし穴をいくつかの例を通して指摘している。例えば、目標としての善として「多文化共生」が語られることで、歴史的現実として存在してきた「共生」また現に存在する「共生」の内実が覆い隠されてしまう。「多文化共生」は安易な異文化理解観と結びつく傾向があり、異文化理解に不可欠な愛情や尊敬といったものの重要性が忘れ去られてしまう。そして、「多文化共生」ということばが用いられるだけで、何か実のあることをしていると思わせるような落とし穴が存在する。全体的に、「多文化共生」がスローガンとして「消費」されてきたことを問題視し、「内実」を問うことの重要性が主張されている。

　ハタノ「在日ブラジル人を取り巻く『多文化共生』の諸問題」は、「多文化共生」の視点から、在日ブラジル人が置かれている様々な問題点を指摘している。ハタノによれば、「多文化共生」という言葉はマイノリティ、または社会的に弱い立場に置かれている人たちの側から発生した言葉ではない。マイノリティにとって、マジョリティとの「共生」は、常に直面せざるを得ない「前提」である。しかも、多くの場合、マイノリティはマジョリティから権利を侵害され、

認められていない状態にあるため、マイノリティ側が何かを要求する場合、「多文化共生」のような抽象的な言葉を使うのではなく、切実な要求を具体的に掲げることになる。その上で、ハタノが強調することは、「多文化共生」は外国人が直面している最も深刻な問題にはほとんど向き合わないという点である。

　2つの例をあげよう、1つは、在留資格の問題である。1990年改定の「出入国管理及び難民認定法」が血統主義を重視したもので、その結果、日系南米人の日本への大量移住を促したことはよく知られている。この入管法は、マイノリティ全体に対してと同様に、特に非日系と日系とで構成される家族が多い在日ブラジル人の間にも深刻な事態を生み出すことになっている。ブラジル人は、「日系ブラジル人」（日系2世や3世）と「非日系人ブラジル人」（日系2世や3世の非日系配偶者）に大別され、在留資格の安定度は日本人の血との繋がりによって決められる。そして、在留資格という法定上の地位が家庭内に持ち込まれ、家庭内に在留資格による力関係の違いが生じる。別居や離婚の際には、「日系人配偶者」という条件を満たさなくなった非日系人は合法的に日本社会から「排除」されることになるし、血統による差別が持ち込まれた家庭環境が子どもに与える影響も無視できない（59-61頁）。

　もう1つは、子どもの教育に関する。在日ブラジル人は在留資格の面では他の外国人に比べ比較的優遇されているが、子どもの教育に関しては、高校進学率の極端な低さや高校入学特別措置の進学支援の立ち遅れなど、その置かれている状況は深刻である。現状では、中学を卒業した大多数の子どもたちが底辺的な労働者の道を進むことになる。外国人の子どもたちを取り巻く状況として、外国人の子どもたちの受け入れ体制が地域によって著しく違うことや明確な政策がないまま場当たり的な政策が取られてきたことがある（73-75頁）。ハタノによれば、「多文化共生」を語る際にほとんど在留資格の問題が取り上げられることがないのは、表面的な「共生」が謳われていることの証しであるし、外国人の子どもたちの厳しい教育環境が放置されたまま「多文化共生」が唱えられるとすれば、それは欺瞞以外の何ものでもない。

次に、野元弘幸「外国人の子どもたちの排除の構造と対抗的教育実践の原理」(2006) は、外国人の子どもたちが排除されていることが明らかであるのもかかわらず、なぜ排除の構造が維持されるのかと問題提起し、マイノリティ自身やコミュニティーによる主体的な改革運動の弱さと共に、外国人の子どもたちの学習支援に関わる教育者や市民が「多文化共生」言説に絡め取られ、非対称である援助主義に陥っていることを、要因として重視している。援助主義とは、支援者が、支援される側が支援のあり方に主体的に関わることを望まず、支援する‐支援されるという非対称の関係が維持されることを望むものである。このため、支援者は排除の当事者である公権力機関との緊張関係を失い、行政の下請化する。

　「多文化共生」は定義や原理が曖昧なまま、外国人住民施策や市民によるボランティア活動においてきわめて多義的に使用されている。そして、言語と民族の問題が抜け落ちており、かつ、権利論が不在だという特徴を持つ。「『多文化共生』言説は、国内外のマイノリティや外国人住民が過去に受けてきた同化や排除、差別、抑圧、文化支配に対する歴史認識の上に、彼らが現在においても直面する厳しい差別や排除問題に対する現実認識を重ねようとしない。・・そのため、観念的・抽象的に『対等な関係』を論じ、受入のために生活支援システムの構築に焦点を当てて、具体的な差別解消の運動や取り組みを棚上げする傾向にある」(111頁)。

　野元は、「多文化共生」に対して、「多民族共生」の視点を取り入れた「多文化・多民族共生」を対抗軸として主張している。

　戴エイカ「『多文化共生』と『日本人』－『文化』と『共生』の再検証」(2005)は、「多文化共生」が意味する内容や目標は多種多様で、一方では、実り豊かな社会を構想する概念としての可能性を秘めるが、他方では、現実社会の不正や矛盾を隠してしまう危険性も有するものであり、それゆえに「文化」と「共生」の概念を再検証し、「多文化共生」がどこへ向かっていくのかを問いかける必要があると述べる。「多文化共生」の「共生」について、戴は、それが、集

団間の不平等の是正を目指す社会変革の闘争や取り組みの目標として立ち現れてきた共生概念に通じると述べる (34 頁)。そして、「共生」と言う用語を使うことに意義があるとすれば、それが差別における人間の関係性を批判的に検証することを促し、差別者や多数者の側も問題化するからだと捉えている (35 頁)。

　差別の問題では何らかの差異が差別の根拠として求められる場合が少なくないが、戴の認識は、少数者や外国人の文化的差異や文化的異質性が差別に転化しているのではなく、かれらが社会の正当な構成員として認識されておらず、排除されているという事実がまず存在するということにある。したがって、排除を生み出している法制度、社会経済システム、支配的な言説体系などから構成される権力構造を全体的に問題にしなければならない。逆に言えば、文化的差異の理解や尊重だけでは、排除の行為や思考はなくならない。実り豊かな「多文化共生」を構想するには、少数者や外国人に対して、「日本人であること」がどのような社会的、文化的優位性を有しているかを批判的に問うことが不可欠となる。ちなみに、「日本人であること」の検証においては、誰が「日本人」であるのかという問いに着目することが必要であると指摘されている。なぜなら、何が「日本文化」であるのかを決める権力を持ち、それを体得している「日本人」と、そうではない日本人がいるからである。換言すれば、「日本人であること」の検証には、誰が日本人であるのかが問われる。この点は、国籍や民族などが異なる人々の共生の問題は、社会的に異なる位置に置かれている人々の共生の問題と広く通じていると整理し直すことも出来るだろう。

　最後に、三重野卓編『共生社会の理念と実際』(2008) に簡潔に触れておきたい[注2]。本書では、内閣府の政策に関わる子ども・若者・高齢者・障害者といった対象を中心にして、共生社会の実際・理念・構想などが広く論じられている。ここでは、共生という用語は、90 年代を通じて広く議論の対象になったが、スローガンや理念として語られることが多く、内実を問うことが問われて

(注2) 本書は、社会政策学会・保健医療福祉部会と福祉社会学会の共催で、2006 年 11 月 25 日に開催されたシンポジウム「共生社会の理念と実際―社会政策との関連で」の内容をベースにまとめたものである。

いる。その際、関係性、連帯、社会的統合、社会的排除、社会的包摂といった概念との関わりが重要になっていると述べられていることを確認した上で、菊地英明「なぜ、共生／社会的包摂が必要なのか」から、いくつかの問題提起を整理しておく。菊地は、第一に、共生は非常に美しい言葉で、それ自体としては否定することは難しい概念であること、しかし、この言葉を一番喜ぶのは、予算獲得や組織の維持・拡大のための言説的資源として使うことが出来る行政官ではないかと疑問を投げかけ、社会科学者は共生概念の内実をはっきりさせ、その後に共生概念を政策レベルに具体化させる必要があると説く。

　第二に、日本で共生を問う意義について。「諸外国の社会的排除−包摂論は、文字通り生きるか死ぬか、生存レベルでの切実な問題関心から出発し、包摂の根拠をマジョリティ・マイノリティにとっての双方の利益−共生論の語彙を使えば『双利共生』−に求めてきた。日本の共生論でこのような背景があるのか、仮にないとすればわざわざ共生を論じる意義は何か」（98頁）と問う。そして、第三に、日本で「共生」概念が用いられるとき、マイノリティの「同化」の側面が強いのではないか、と疑問を投げかけている。総じていえば、菊地は、共生概念の内実は多種多様であって、恣意的な利用を許しかねないという問題状況に警鐘を発している。

　三重野「共生価値と社会経済システム」から、1点、言及しておきたい。三重野は、「共生社会をめぐる前提には、わが国の特色であった均質社会、同一化社会、集団主義があり、その上で、当該社会が多様化、異質化、個性化していくという点に特色がある」（191頁）と指摘する。その上で、格差社会の進行を問題視し、「現在の格差社会への動向は、社会的統合、連帯を緩め、社会的包摂を破壊し、共生社会の基礎を崩すかも知れない」（192頁）と続ける。以上の文章に言及したのは、共生や共生社会について論じる意義を考える場合、この文章が示唆するような時代状況をどのように捉えるかが大きなポイントになると思えるからである。

第3節　多文化共生と共生を考えるための論点

　以上の議論を踏まえると、多文化共生の問題を考える場合、関連する以下の諸点に特に注意が必要だと整理できよう。(1) 外国人が直面している最も厳しい問題に向き合うことなく、表面的なレベルで多文化共生が語られていないか。(2) 多文化共生の中身が観念的・抽象的なものになっていないか。「国籍や民族などの異なる人々が、互いの文化的な違いを認め、対等な関係を築こうとしながら、共に生きていくこと」というような定義は、議論の出発点としては一定程度有効であろうが、それ以上のことは意味しないだろう。(3) マジョリティの側から語られる多文化共生がマイノリティに同化を強いるものになっていないか。(4) 異文化理解には、愛情と尊敬が不可欠であると認識されているか。(5)「日本人であること」の優位性や問題性に自覚的になろうとしているか。

　また、様々な人間や集団が共に暮らす社会には、力の強弱関係があり、同化や排除、差別と言った問題が内包されているのが現実である。現実における「強者」と「弱者」の違いに目を向けることが必要で、それを無視して「共生している」というのは欺瞞である。共生はすぐれて政治的な概念である。多文化共生を語る場合に留意すべき点は、他の文脈で共生を語る際にも念頭に置いておく必要がある。比較的早い段階から共生の概念に着目してきた花崎皋平は、以下のように言っている。「80年代の中頃からだと記憶するが、言論界、広告情報界に『共生』ブームが起こり、キャッチフレーズとしての『共生』の氾濫が生じ、今も続いている。それは、自然との共生、多文化共生、アジアとの共生といった課題が広く世の中に浸透しつつあった状況への過敏な反応といえるだろう。しかしそのブームは、商品に美的な陰影を加えるイメージとしての『共生』を流通させることであった。共生が含み持つ共苦の側面、現実の矛盾との現場での格闘の側面を切り離す作用を伴っていた。また、日本社会は、『共生』を倫理として実現する方向とは逆の方向へ歩みを進め、不正義と腐朽化の様相を深めている」(花崎、2002、132頁)。花崎は、共生の倫理が崩壊しつつある現在の時代状況の中で、共生の意味を改め

て問う必要を述べる。

　「弱者」と「強者」の共生をどのように考えるべきだろうか。中島義道の以下の指摘は、1つのヒントを提供していると思える。「共生というのは『同質』な人間が集まることじゃなくて、『異質』な人間が集まること。お互いのことが分からなくったっていい。『互いに異質だ』ということがわかればいいんです。『分からない』という形での理解です。・・社会で一番危険なのは『同質化』、つまり自分の価値観を全く動かさないで、それを周囲に拡大していこうとする『エクスパンショニズム』（拡大主義）。それと、話が合わない人とは距離を置いて一切付き合わずに、わかる人同士で仲良く暮らそうという態度。仲良くすることは、みんなが『同質』だからできるんですが、それは『共生』ではない。『異質』な者同士が、仲良くは出来ないけれども、互いに殺しあうわけでもなく、一緒にいながらの理解を目指そうとする。これでいいと思うんですよね」（中島、2006、18頁）。

　異質な者同士が理解しあうことの困難さ、自分中心の価値観による同質化に注意を喚起し、最低限の「生の保障」に触れているが、続けて言う。「私は学生たちにこう話しています。『不快感といった自分なりの自然な感情を潰すのは危険です。感受性は人間の基本になるものですから。しかし自分が弱者に対して持つ差別感情によって、相手が傷つくことについては悩んでください。ちゃんとそれを受け止めて、どうしたらいいか悩んでください。解答はありませんから』と。「弱者」と「強者」が共生していくには、こういう道しかないのではないかと思います」（同上）。

　共生は「共に生きる」双方に焦点を当てる概念である。共生とは何か、どういう状態になれば共生したことになるのか、という根源的な問題を多面的に追究していく必要がある。共生は、「弱者」と「強者」の両者にとって必要なのである。「強者」の発想に基づく仕掛けや対策は、「弱者」の不満や反感を増長させていくだろう。共生論は、「対等な関係」を漠然と唱えるのではなく、お互いの差異を認め相互理解を図りながら、共に生きる双方にとっての利益を追究することが問われる。

参考文献

- 植田晃次「『ことばの魔術』の落とし穴－消費される『共生』」植田晃次・山下仁『「共生」の内実　批判的社会言語学からの問いかけ』三元社、2006 年
- 「クロスロードインタビュー　中島義道」(『クロスロード』2006 年 11 月)
  戴エイカ「『多文化共生』と『日本人』-『文化』と『共生』の再検証」『異文化間教育』第 22 号、2005 年
- 野元弘幸「外国人の子どもたちの排除の構造と対抗的教育実践の原理－日系ブラジル人の子どもたちとブラジル人学校を中心に－」日本社会教育学会編『社会的排除と社会教育』2006 年。
- 野呂香代子「机上の理論を越えるために」植田晃次・山下仁『「共生」の内実　批判的社会言語学からの問いかけ』三元社、2006 年
- 都築くるみ「多文化共生と外国人」多文化共生教育研究会『多文化共生教育　研究会集録』Vol.1、2005 年
- 中島義道『私の嫌いな 10 の人びと』新潮社、2006 年
- 野平慎二「教育的公共性の再生に向けて－ H. アーレントと J. ハーバーマスの社会哲学的議論にもとづく一考察」『琉球大学教育学部紀要』第 54 週、2004 年
- 花崎皋平『＜共生＞への触発－脱植民地・多文化・倫理をめぐって』みすず書房、2002 年
- 三重野卓編『共生社会の理念と実際』東信堂、2008 年
- リリアン・テルミ・ハタノ「在日ブラジル人を取り巻く『多文化共生』の諸問題」植田晃次・山下仁『「共生」の内実　批判的社会言語学からの問いかけ』三元社、2006 年

第2章　日本における外国人労働者―韓国との比較を通して

はじめに

　日本と韓国は、ほぼ過去20年におよぶ外国人労働者の受入において、1980年代後半に人の越境移動の新たな求心点として浮上したことを含め、非常に類似した経験を有してきた。第一に、両国とも、非専門的な単純労働分野といわれる低熟練技能分野での外国人労働力の導入に慎重であった。韓国は2004年に雇用許可制によって低熟練技能分野での労働力導入に踏み切るが、日本では、現在も低熟練技能分野での外国人の就労は原則として認められていない。第二に、両国とも、当初より、非正規滞在者問題が主要な政策課題となり続けてきた。第三に、両国とも、民族的な出自を同じくする人々の大量の還流現象が見られた。日本への日系南米人の出稼ぎ現象、韓国への中国朝鮮族の出稼ぎ現象が、それに当たる。第四に、両国とも、2000年代に入り、外国人労働者に関する国レベルでの様々な政策が整備されてきている。日本では2006年に総務省が多文化共生の推進に関するプランを、韓国でも同時期に外国人政策委員会が社会統合に関するプランを発表し、両国とも従来の「管理」中心の政策から「共生」あるいは「統合」へと大きく方向転換するような姿勢を示した。

　本論は、以上のような類似性を有する日本と韓国を取り上げ、両国における外国人労働者問題の経過と現状を整理・検討する。本論で主に注目するのは、非正規滞在者、研修生、民族的な出自を同じくする人々（日本の場合は日系南米人、韓国の場合は中国朝鮮族）である。かれらは低熟練技能分野を支える主要な労働力を構成してきた。本論では、かれらの越境移動をグローバル化が進む東アジア社会で生起した現象として関連付け、主に資本の戦略と国の政策の視点から解釈する。また、外国人労働者問題は、様々な

主体による問題の定義づけによって異なる様相を見せる。ここでの基本的な関心は、外国人労働者を受け入れる国の政府がかれらの存在や増大をいかなる観点から問題として認識し、いかなる意図の下にどのような内容の政策を整備してきたのかにある。このことを明らかにしながら、外国人労働者に向けられる制度的なメカニズムの影響をおさえ、かれらが直面してきた問題のつながりを捉える。

以下、まず、過去のおおよそ20年間を、2000年前後を基準に大きく二分し、それぞれの時期の外国人労働者をめぐる動向を、比較の視点を意識しながら日韓別に整理する。その上で、日韓両国の外国人労働者問題の現代的状況を示す。

第1節　外国人労働者の増大と流入形態

1 日本

日本では、1980年代後半から始まるバブル期に特に建設業と製造業における労働力不足が表面化し、主に東南アジアからの外国人労働者が流入した。日本は外国人労働力を受け入れる正式な制度を有していなかったため、流入した労働者はすべて「不法滞在者」となった。「不法滞在者」の増加は、治安や労働市場の面で国家の正当性を揺るがす大きな問題を構成する。他方で、この時期、特に製造業と建設業を中心に人手不足が深刻化する。外国人労働者への対応は、「不法就労」の防止と低熟練技能分野での労働力不足の解消を主要な政策課題として始まることになった。

「出入国管理及び難民認定法」(以下、「90年入法」と表記) は1989年に改定され、翌90年より施行されたが、「単純労働力分野での外国人就労の原則禁止」という従来の方針は堅持された。この方針が閣議了解の下で堅持されてきたのは何故だろうか。1つは、戦後日本社会のなかで存在してきた在日朝鮮・韓国人の問題が関係する。日本の植民地政策の下で大量に

日本へ移動し、戦後も引き続き日本に定着した在日朝鮮・韓国人は、1952年のサンフランシスコ平和条約の発効によって、日本国籍を喪失して、外国人となった。在日朝鮮・韓国人は、いずれ日本国籍を取得して帰化するかもしくは日本から出て行く人々とみなされていたが、現実はそうはならなかった。もう1つは、ヨーロッパの経験が関係する。ヨーロッパ諸国は高度経済成長期にゲストワーカーとして大量の外国人労働者を受け入れた。オイルショック後には外国人労働者の労働力は不要なものとして帰国を奨励する政策が取られたが、現実は、家族呼び寄せなどで外国人の定住化が進んだ。この2つの経験は、外国人は一旦流入するとコントロールが難しい存在になると解釈される。日本が外国人労働者の導入に慎重であったのは、以上の経験を教訓として受け止めたことが関係している。

　因みに、外国人となった在日韓国・朝鮮人の在留資格は、「別に法律で定めるところにより、その者の在留資格および在留期限が決定されるまでの間、引き続き在留資格を有することなく、本邦に在留することが出来る」（法126）というもので、極めて曖昧な状態が長期間続いた。旧植民地出身という同じ歴史的背景を持つものの在留資格が「特別永住」として一本化されるには、「日本国との平和条約に基づき日本の国籍を離脱した者等の出入国管理に関する特別法案」（91年3月）まで待たねばならなかった。

　さて、非正規滞在者発生の根本的原因は、資本が国境を越えて労働力を編成することと国家が国境を越える人々の移動を制限することとの乖離にある。この乖離のなかで、80年代末から93年まで、出稼ぎ目的で来日し在留期間を超過して滞在する非正規滞在者が急増し、ピーク時で約30万人に達した。

　これに対して、日系南米人および研修生が増大したことには、「90年入管法」の新しい内容が直接的な影響を及ぼした。「90年入管法」は、まず、日本人の血統を有する日系人[注1]に対して、「活動内容に制限がない在留資格」（従って就労に制限のない資格）を優先的に供与した。この改定により、特に「定

住者」ビザを通じた日系南米人の流入が急増した。また、「90年入管法」は、「特別永住者」の創設により長年の懸案事項であった旧植民地出身者の法的地位問題に一定の解決を与えた。このうち「定住者」という在留資格の創設は、在日三世と日系三世の処遇バランスを図った結果だと言われる。ブラジル人の日本への出稼ぎは、「90年入管法」以前から、移民ネットワークを利用する形で始まっていた。また、国は日系人を「外国人労働者」として導入したわけではない。しかし、「90年入管法」は、かれらの出稼ぎを加速化させる結果を招いた。身分を保障されているがゆえに、かれらは、移動が自由な労働力を構成することになった。

　一方、明らかに外国人労働者の導入を意図して活用されたのが研修生制度である。「研修」の在留資格は、「90年入管法」によって、それまでの「留学生」の一形態であったものから、独立した在留資格として創設された。そ

（注1）日系南米人のルーツは、100年以上前に日本から南米へ出稼ぎにいった日本人移民である。日本人の南米移住は、1899年、日本人790人が「佐倉丸」でペルーへ渡ったことに始まる。次いで、1908年には、781人の日本人が「笠戸丸」でブラジルへ渡った。当時の日本は、経済の混乱と地方農村の荒廃のなかで、人口問題と農村の危機の解決策として、自国民を他国に送出し、現地での就労によって、富を蓄積するよう奨励することを目的とした移民政策が国策として実施されるようになっていた。最初の移民はハワイ王国や北米に渡ったが、北米を中心に東洋人に対する移民反対論が強まると、多くの人々は南米を目指すようになった。一方、当時、ブラジルやペルーでは、コーヒーや砂糖などの大農園（プランテーション）で働いていた黒人奴隷や中国人クーリー（苦力）に代わる農園労働力への需要があった。ペルーでは1857年に、ブラジルでは1888年に、奴隷解放例が出されていた。通常、出稼ぎは数年単位での帰国を前提になされるが、期待するような収入が得られなかった経済事情や日本の第二次世界大戦参入などの事情で、帰国の道が閉ざされた人々が、その後敗戦を得て、移住先で定住する者が増えて行き、現地で日系人社会を構成するようになる。

　日本人移民の最大の受入国はブラジルで、ブラジルへの移住者は戦前までが19万人（ピークは1925年～36年の昭和初期）、戦後でも6万人に及んだ。ブラジルでは、最初の移住から100年目に当たる2008年現在で、約150万人の日系ブラジル人がいると言われる。

　1980年代半ば頃、ブラジルやペルーでの経済不況にあえいだ日系移民1世や2世たちが就労目的での日本訪問を始めた。「90年入管法」によって、3世までの海外日系人とその配偶者が「定住ビザ」を得られるようになると、日本での就労を行う移住者が激増した。この流れはかつて日本からブラジルやペルーへ渡った人々になぞらえて「デカセギ(スペイン語：Dekasegi、ポルトガル語：Decasségui)」と呼ばれるようになった。

の後、経済団体の圧力を受け、研修制度の規制緩和が進み、人手不足の中小零細企業に対して大きく門戸を開いていくことになった。規制緩和の効果は受入企業の零細化に顕著である。技能実習実施企業の従業員規模をみると、従業員1-9人規模の企業が全体の38％、10-19人規模が21％、20-49人規模が18％で、50人未満の企業が全体の8割近い（JICTO、2004）。研修生もまた、公式には「労働者」ではない。日系人と対照的なのは、研修期間が短期に限定され研修先を変更できないなど、管理された不自由な労働者だということである。

　1999年末現在、就労する外国人の総計は66万8200人で、そのうち、技術・専門職従事者12万5700人を除く54万2500人が、低熟練技能分野で就労していた。その内訳は、非正規滞在者25万1700人、日系南米人22万500人、研修・技能実習生7万300人であった（朝日新聞、2000）。90年代、日系人の大量流入はあったが、2000年時点では、非正規滞在者のほうが多く、低熟練技術分野就労者の約6割を占めていた。なお、非正規滞在者と研修生の大半はアジア出身者である。また、上記のように、日系南米人には在留資格に対する優遇措置があるため、日系南米人のなかに非正規滞在者はほとんどいない。これら3グループの関係は薄い。

2　韓国

　韓国は、1980年代半ばまで主に中東の建設現場へ労働力を送り出していた国である。87年のソウルオリンピックなどを契機に経済発展が上昇する中で、特に製造業での人手不足が深刻になり、労働力を送る側から受け入れる側への転換が急激に生じた。日本と同様に、外国人労働力を受け入れる正式な制度を有していなかったため、流入した外国人労働者は「不法滞在者」となり、外国人労働者への対応は、「不法就労」の防止と低熟練技能分野での労働力不足の解消を主要な政策課題として始まった。韓国における非正規滞在者は、90年約2万人であったが、94年には約5万人に増加していた。

　韓国で、まず、労働力不足を補完したのは、中国朝鮮族[注2]である。日

本にルーツがある日系南米人が 90 年代以降日本に大量移動した現象と類似するものとして、韓国へは朝鮮半島にルーツがある中国朝鮮族が「親族訪問」を利用して 80 年代後半から大量に移動し始めた。韓国政府は 1984 年に、親族訪問の中国朝鮮族来訪者に 6 ヶ月の在留を認める旅行証明書の発給に踏み切っていた。親族訪問によって発給される旅行証明書では、韓国内での就労は認められていない。朝鮮族の出稼ぎは当初一時的な滞在が主だったようであるが、予想外の大量の流入と滞在が長期化し「不法就労」が増大したことへの対応として、韓国政府は朝鮮族に対して、在留期間の短縮や親族訪問が出来る年齢を高めに設定するなど制限措置を加えることとなる。

　一方で、韓国政府は、深刻化する労働力不足への対応として、産業技術研修制度を導入する。政府は、まず、91 年に海外投資を行なっている企業

（注 2）　中国朝鮮族のルーツは、19 世紀後半から 20 世紀前半にかけて朝鮮半島から中国に移住した朝鮮人である。日本が 1910 年に朝鮮半島を併合した以降、朝鮮人の中国への移住が本格化する。1910 年から 1918 年にかけて実施された「土地調査事業」（土地所有権の調査、土地価格の設定。地形調査）により土地を奪われ、農村から排出された没落農民のなかから、当初は徒歩で豆満港や鴨緑江を超えて中国東北部を目指すものが現れ、やや遅れて朝鮮半島と日本を結ぶ連絡船を使って日本に向かう人々も現れる。愛国運動家たちが日本の弾圧を避け、中国東北部に来て反日闘争を続けるという経緯もあった。1930〜40 年代の朝鮮人の中国への移住は、中国東北部（いわゆる「満州」）への日本の進出に起因するところが大きい。日本は 1931 年 9 月の「満州事変」によって「満州国」を設立すると、満州を中国大陸侵略の食料基地として開発するために「日本人移民に代替する朝鮮人移民」を強制的に移住させた。1939 年から 1941 までの間に約 10 万人の朝鮮人が移住させられた。以上のような経緯を経て、1945 年の第二次世界大戦終戦時には約 200 万の朝鮮人が中国に居たと言われる。

　日本の植民地政策の下で朝鮮人は一旦「日本国籍」を付与されるが、1952 年の平和条約によって国籍を剥奪される。日本に在留し続けた朝鮮人は、以降、外国人として在日韓国・朝鮮人を形成・構成する。中国に渡った朝鮮人に関しては、終戦までの間、中国国籍を取得しないと土地の所有権＝生活基盤を得られないと言う事情があった。このような状況下で、1929 年までに中国東北部で全居住者の約 10％、45 年までには全居住者の約 20％が中国国籍を取得したとされている。1949 年に中華人民共和国が成立すると、中国共産党政府は中国国内のすべての民族に平等に中国国籍を付与するようになったので、朝鮮人も中国国籍が付与されるとともに中国少数民族として認定された。中国に渡った朝鮮人が最も多く集住したのは延辺地区であり、1952 年の中国政府による民族区域自治実施要綱の発表により、延辺朝鮮族自治区が誕生（55 年に延辺朝鮮族自治州に変更）した。中国朝鮮族は、終戦までに中国に渡り、その後、中国少数民族として中国に在留し続けた朝鮮人とその子孫をさす。

を対象に研修制度を導入するが、93年からは中小企業における労働力不足への対策として、従業員10-300人未満の中小製造企業を対象に外国人を研修生として原則1年雇用（1年延長可能）することができる運用を始めた。朝鮮族のみならず、アジア各地からの労働力の導入を期待したのである。94年には2万人の産業研修生が雇用された。この制度は、その後、対象範囲を沿岸漁業や建設業まで拡大した。また、96年には雇用期間が2年（1年延長可能）に伸ばされた。このようにして、研修生制度は、94年以降、中小企業における外国人労働者の導入に中心的な役割を果たしてきた。研修生制度の発足は、非正規就労の防止という目的を併せ持つものであり、研修生は低熟練技能分野に従事する非正規滞在者を代替することが期待されたのである。

韓国で就労する外国人は、専門・技術職に従事する合法的就業者、産業技術研修生、非正規滞在者の3つに大別される。2002年現在の内訳をみると、合法就業者33,020人（9.0％）、産業技術研修生79,350人（21.6％）、非正規滞在者287,808人（63.2％）であり、非正規滞在者が6割を超え、突出している。低熟練技能分野に限定してみると、非正規滞在者が占める比重は約8割に及んでいる。この理由としては、2つの事柄が大きく関係する。

第一に、研修生制度は、労働力不足の解消と非正規就労防止のいずれの目的をも十分に実現することが出来ないばかりか、大きな限界と問題点を露呈してきた。研修生は、「研修」資格であるがゆえに、労働法上の保護を受けられなかった。また、研修生は3K部門の労働力不足を埋める一時的で安価な労働力としてみられる傾向が強かったため、賃金は低く、職場では安全対策が十分でなく労災が多発した。劣悪な労働条件が強要されるなかで、研修生が研修先から逃走するという事態が相次いで発生した。研修生は指定された企業でのみ「就労」を認められており、その企業から逃走することは直ちに非正規化することを意味する。90年代の研修生逃走率は94年73.0％、95年52.0％、96年44.3％、97年30.5％、98年22.3％、99年

19.8 と推移している（Hong、2001）。また、逃走研修生が非正規滞在者に占める割合は、94 年 4.1%、95 年 7.7%、96 年 8.6%、97 年 12.6%、98 年 21.4%、99 年 19.9%と推移した（Seol、2000）。加えて、研修制度は、当初より、10 人以上の規模の企業しか研修生を受け入れることが許可されず、最も労働力不足に悩んでいた零細企業の労働力不足を解消しないという矛盾を抱えていた。全般的に、限られた数の研修生では中小企業の需要に応えられないという事態もあった。このような状況のなかで、非正規ルートによる外国人労働者の流入や就労が止まらなかったのである。

　第二は、1992 年の韓中国交樹立が大きな契機となって、中国朝鮮族の流入が増加し続けたことである。中国朝鮮族は 95 年では 3 万人強であったが、2002 年には 12 万人にまで増大した。特筆すべきは、日本における日系南米人とは対照的に、中国朝鮮族は制度上一般の外国人と同等な待遇しか与えられなかったことである。中国朝鮮族は長年にわたり韓国労働者の代替として重要な役割を果たすが、低熟練技能労働への制限が加えられていたため、「不法就労」、「不法滞在」を余儀なくされてきた。2002 年現在、中国朝鮮族 12 万のうち約 8 万人が非正規滞在者で、約 29 万人の非正規滞在者のうちの最大グループを構成していた。ちなみに、朝鮮族以外の中国人の非正規滞在者は約 7 万人で、両者の合計が非正規滞在者の半数を超えていた。以上のような背景で、韓国では、非正規滞在者は、97 年の通貨危機の直後を除き、一貫して増加し続けた。非正規滞在者は、94 年約 5 万人、2000 年約 15 万、2002 年には 29 万人弱までに達したのである。

第 2 節 外国人労働者の基本特性と 1990 年代の施策

1 日本

　非正規滞在者、日系南米人、研修生には、共通した基本特性が 2 つある。一つは、いずれも低コストで臨時的・短期雇用に対応するフレキシブル

な労働力を構成してきたことである。非正規滞在者の雇用実態に関する調査結果（渡邊、2005）をみると、非正規滞在者が1つの企業で働く期間は概ね3ヶ月から6ヶ月、最も長いケースで1年である。賃金の支払いは、時給あるいは日給制で計算され、日払いあるいは週払いで支払われているケースが多い。非正規滞在者は日雇的な定着性の低い労働力として位置づけられている。日系南米人については、最も数が多いブラジル人を中心に研究が進められてきた。それらを参照すると、日系ブラジル人の多くが業務請負業者から派遣される間接雇用の労働者として製造業で就労している。親企業の生産予定に合わせて3ヶ月や6ヶ月といった短期雇用の請負契約を結ぶのが一般的である。業務請負業を用いる製造業にとって最大の魅力は、生産量の増減に合わせて必要な時に必要な労働力を速やかに調達出来ることにあり、これに、正社員のコストに比べて外部委託のコストがはるかに安いという魅力が加わる（丹野、1996）。研修生は、実質的に中小零細企業の安価な労働力となってきたことが広く知られている。研修期間は、原則1年である。93年に技能実習制度が新設され、最大3年までの延長が可能になったが、短期ローテーション型の雇用形態であることは明らかである。

　もう一つの特性は、かれらが「不可視な存在」という性格を強く持っていたことである。

　非正規滞在者は、強制送還の対象であり、潜伏的な生活を余儀なくされる。日本では、90日以上滞在する外国人には外国人登録が義務違づけられてきた[注3]。行政サービスを受けるには、登録が必須であった。しかし、非正規滞在者の多くは、存在の発覚を恐れるなどの理由から、登録をしてこなかっ

（注3）　2012年7月9日から外国人住民の新たな在留管理制度が導入され、これに伴い外国人登録制度（1952年制定）は廃止された。外国人登録制度の廃止に伴い、外国人登録証明書の代わりに、中長期在留者には在留カードが、特別永住者には特別永住者証明書が交付されることとなった。このほかの主な変更点としては、外国人登録制度においては、「不法滞在者」についても登録の対象となっていたが、新しい在留管理制度においては対象とはならなくなり、在留資格のない外国人は、行政サービスが受けられなくなった。

た。毎年の入管統計を参照すると、非正規滞在者の中で登録してきたのは一割程度で推移してきた思われる。したがって、非正規滞在者は、行政サービスの面でも、不可視な存在であることを余儀なくされてきた。

　ブラジル人を中心とする日系南米人は、非正規滞在者とは対照的に、身分に対する在留資格が優遇されるなかで、自由な労働者として就労してきた存在であった。その自由な性格は、雇用側からすると、短期で臨時的な雇用へのニーズを満たすフレキシブルな労働力を保証する条件となる。日系人の大量流入は、バブル期の人手不足の時期に生じたが、バブル経済崩壊以後、日本人が周辺労働市場に回帰してきたことによって、ブラジル人の仕事はよりマージナルな領域へと移行してきた。「ブラジル人は日本人が働かない時間に用いられ、日本人が働きにこないような立地条件の工場で就労する。こうした就労条件が貫徹した結果、ブラジル人はいままで以上に、普通の日本の社会生活から見えない存在になる」（丹野、2005、181頁）。梶田らは、請負労働力化や長時間労働に特徴付けられる就労の論理によって、外国人労働者がそこに存在しつつも、社会生活を欠いているがゆえに地域社会から認知されない存在になることを「顔のみえない定住化」と呼んだ（梶田ほか、2005）。研修生は、日系ブラジル人とは対照的に管理された労働者であり、研修先を変更できないことを含め、雇用主の厳格な管理下に置かれる。また、短期滞在であるがゆえに、地域社会のなかで、その存在はほとんど見えない状態に置かれる。

　おおよそ2000年前後までの外国人労働者をめぐる動向を総括すると、外国人労働者の流入は非正規滞在者の増大という形で始まり、このことは国内労働市場を「開国」するのか「鎖国」を堅持するのかに関する議論を高めた。しかし、安価でフレキシブルな外国人労働者は、全般的に「不可視な存在」であり、かれらの労働条件や生活状況に対する市民社会の関心は高いものではなかった。外国人労働者のなかで、国が早くから関心を示していたのは、非正規滞在者の存在である。非正規滞在者に対する最初のまとまった政府

報告は、1990年版の『警察白書』に特集として掲載されている。このことは、非正規滞在者が何よりも治安的な観点から問題視されてきたことを示している。

「90年入管法」の目的の1つは、不法就労助長罪の新設など、急増した「不法就労」者に対応するためのものであった。しかし、不法就労助長罪による検挙件数は、「不法就労」による退去強制摘発人員数の100分の1程度であり、効果は限定されていた。また、90年代には集中摘発期間や協議会設置等の「不法就労」対策が行なわれてきたが、見せしめ的な摘発に留まってきたと言える（鈴木理恵子、2007）。「不法残留者」は90年約10万人、93年には約30万人でピーク、その後は漸減したが、2000年約25万人であり、90年代に約15万人増加したことになる。このような事態の基本原因は、人手不足のなかで流入した非正規滞在者が、景気低迷期のなかでも日本の産業に構造的に組み込まれてきたことにあり、国が日本経済を支える非正規滞在者の労働力の有用性に配慮して、「不法就労」対策に本腰を入れてこなかったためである。この間、非正規滞在者の滞在は長期化し、出稼ぎ型から定着化への移行が見られた。非正規滞在者の5年以上の滞在は91年段階では1％に過ぎなかったのに対し、93年には2割弱を占め、2000年では3割を超えている（『国際人流』、92年9月、94年10月、2001年6月）。2000年代に入るまで、「90年入管法」のほかに大きな制度的改編はなかった。

2　韓国

韓国でも、非正規滞在者と研修生が安価でフレキシブルな労働力を構成してきたことは同様であるが、日本と比べて以下のような特徴があったと言える。まず、研修生の逃走が高い割合で推移した。94年及び95年の研修生逃走率が5割を超えていることは、当時の研修生の過酷な実態を物語っている。研修先を変更できない不自由の下では、劣悪な状況に直面した研修生にとって、選択は忍耐か逃走のいずれかになる。また、研修生の逃走には、研修生の賃金よりもはるかに高い賃金で外国人労働者を雇用する労働市場が存在

したことが関係している（Kang、1996）。ある研究機関が中心になり94年11月～95年2月にかけて393人の外国人労働者を対象に行った調査結果では、実質労働時間がほとんど変わらないなかで、非正規滞在者の賃金は研修生のほぼ2倍であった（Park, 1996）。次に、非正規滞在者のなかでは、朝鮮半島にルーツを持つ中国朝鮮族が最大グループを構成していたが、これは日本における日系南米人の状況と対照的である。かれらは、九老地区などいくつかの地域に集住する傾向があった。最後に、韓国では非正規滞在者は増え続けたことが大きな特徴であり、先に示したように、2002年には就労外国人の約8割を非正規滞在者が占めるという事態に至っている。

韓国では、研修生の悲惨な実態は、95年にネパール人研修生が労働条件の劣悪さや雇用主による暴力などを告発するデモを行ったことで大きく社会問題化された。この告発を機に、外国人労働者の待遇改善を要求する市民運動が高揚する（Kim、2003）。これに加えて、中国朝鮮族の集住地区が存在したこともあり、日本に比べれば、韓国における外国人労働者および外国人労働者問題はより「可視的」であったと言えるかも知れない。

研修制度は、早くから、外国人労働者の権利上の適切な保護を欠いていると批判されてきた。また、外国人支援の運動の高揚を受けて、政府は90年代後半より、研修制度の改善に着手した。政府は、95年に「外国人産業研修生の保護と管理に関するガイドライン」を策定し、研修生にも産業災害補償保険および国民健康保険の適用を定めるに至った。98年には、研修生が2年間の研修終了後に受入企業の推薦を受け所定の試験に合格した場合、その企業に1年間就業できる資格を与える研修就業制度が新設された（施行は2000年4月から）。その後2002年に、当初の研修指定期間は1年に短縮され、逆に研修後の就労期間は2年間に延長された。この改定の目的は、労働力不足解消と、研修性を「就業者」として認めることにより国内の労働法を適用することにあったと言える。

また、韓国政府内には、90年代中頃から、研修生制度を廃止し、正式に

低熟練技能分野での外国人労働者を導入するための「雇用許可制」を発足させようとする動きがあった。しかし、その試みは、産業界の反対にあい、実を結ばなかった。研修生制度から最も大きな恩恵を受け、雇用許可制の導入に最も強く反対してきたのは、中小企業協同組合である。中小企業協同組合に加盟する企業は、安い給料で研修生を雇用できることの他に、以下のような利益も得ていた。まず、研修生制度においては、雇用主団体である中小企業協同組合が研修生の募集・斡旋・研修・事後管理をすべて管轄していた。中小企業協同組合が送出し国の民間機関と契約する体制を利用し、教育費や出国手続き費用名目の手数料、帰国保証金など入国のための費用を不当に要求することが起きた。そして、研修生が研修先を逃走した際に、保証金として預けられていたお金が中小企業協同組合の利益になるという仕組みがあった。雇用許可制は、90年代中頃から、導入しようとする政府関係者、阻止しようとする産業界（中小企業協同組合）、研修生制度の抜本的な見直しと代替策を要請する外国人労働者支援の市民団体等の間で、大きな争点となってきたものである。

　中国朝鮮族に関しては、2001年11月に就業管理制（特別雇用許可制）が導入された。この制度は、「親族訪問」で入国した朝鮮族に対して、一定の条件を満たせば、製造業やサービス業等、8つの部門で就業する資格（3年）を与えるものであった。これに先立つ、1998年に、韓国政府は約700万人の海外同胞の経済力・影響力を活用するために「在外同胞の出入国と法的地位に関する法律」を制定した。この在外同胞法は、出入国および在留資格において、海外同胞を韓国国民と同じ待遇で受け入れることを定めたが、韓国樹立前に海外に移住した中国朝鮮族と在CISコリアン（旧ソビエト連邦地域の国籍を有するコリアン）は対象外とされた。2001年11月、韓国憲法裁判所は、平等原則に反するとして、在外同胞法を憲法違反と判断した。就業管理制は、このような状況の中で制定されたものである。ただし、就業管理制は、無縁故朝鮮族（韓国に親族を持たない朝鮮族）は対象外としていた。

第3節　2000年代の施策とその背景

1 日本

　2000年代に入り、外国人労働者に関する国レベルでの様々な政策が整備され始めた。2005年12月に策定された「犯罪に強い社会の実現のための行動計画―『世界一安全な国』の復活を目指して―」(犯罪対策閣僚会議) は、「犯罪の温床となる不法滞在者」を5年間で半減させることを宣言した。総務省は2006年3月に「多文化共生の推進」に向けたプランを発表したが、「共生」の対象として主に念頭に置かれているのは、滞在が長期化し定住傾向が進む日系南米人である。2009年7月には、研修・技能実習制度の見直しを含む改正法が成立し、2010年7月から施行された。これにより、特例を除き、在留資格の「研修」は廃止され、「技能実習」制度に一本化された。

(1) 非正規滞在者対策

　日本では、90年末から非正規滞在者対策に大きな変化が見られた。一つは、在留特別許可制度に関するものである。一般アムネスティ (一定の要件を満たす非正規滞在者を一時期に一斉に合法化・正規化する措置) を実施した経験を有する国は欧米を中心に少なくないが、日本では在留特別許可制度によって非正規滞在者の合法化を個別に判断する対応を取ってきた。「不法滞在者と我が国社会とのつながりに配慮した取り扱い」(第二次出入国管理基本計画、2000) が言明される中で、在留特別許可件数が急増する。認可されたケースには、日本人との家族的なつながり (多くは日本人と結婚した非正規滞在者のケース) や日本人との家族的な繋がりはなくても「子どもの最善の利益」に配慮されたものが含まれるようになった。法務省は、従来、「法務大臣の裁量」として、認可の基準を全く示していなかった。しかし、2004年より「許可事例」が、2006年より「不許可事例」が公開されるようになり、同年10月には、「在留特別許可に関するガイドライン」が策定されるに至った。ただし、日本で家族を形成していない長期滞在単身者に対して許可されるこ

とはなく、労働者として日本で長年就労してきたという事実は合法化の判断においてほとんど考慮されていないという現実はある。

　一方で、「強力かつ効果的な不法滞在者対策の実施」（第二次出入国管理基本計画、同上）が言明され、1999 年「不法在留罪」の新設と「上陸拒否期間の伸張」、2001 年「儀変造文書対策のための退去強制事由の整備」、2004 年「不法残留者等の罪に関わる罰金の引き上げ」、「上陸拒否期間の伸張」、「在留資格取消制度」と「出国命令制度」の新設等、次々と様々な取組が実施されていく。出国命令制度は、「不法残留者」の自主的な出頭者を速やかに帰国させるために、入国管理局に出頭した非正規滞在者のうち、一定の要件に該当する者に対して適用される制度として新設されたものである。対象者には上陸拒否期間 1 年という罰則のみで、その他に罰金等の罰則は課されず、収容もされない。以上のような施策と非正規滞在者に対する取組強化によって、「不法残留者数」は 2006 年に、92 年以降初めて 20 万人を割り、2010 年 1 月では約 9 万人にまで激減した。

　バブル崩壊以降の長期的な景気低迷期を経て、現在、日本は少子高齢化の本格的な到来を迎えようとしている。このなかで展望されているのが、合法的な「単純労働者」の受け入れである。自由民主党国家戦略本部外国人労働者 PT が『『外国人労働者短期就労制度』の創設の提言」（2008 年 7 月）で、在留期間を 3 年とし、再度の入国は認めないことを条件とする「短期就労資格」の新設を提言しているように、近年、単純労働者の受け入れに関する議論が盛んになっている。この点を踏まえると、近年の非正規滞在者に対する強力な排除と、合法化の判断基準の明確化は、今後新たに合法的な「単純労働者」を受け入れるための準備として、現在「不法」の状態にいる者を一掃しようという政府の意図を反映していると考えられる。

（2）多文化共生論の浮上

　「多文化共生」という言葉は、地域や市民社会レベルでは 1990 年代後半から広く使われてきたが、国レベルで多文化共生論が浮上したのは、2006

年である。総務省は 2006 年に『多文化共生の推進に関する研究会報告書』を刊行した。同報告書は、従来の外国人政策が主に労働者政策あるいは在留管理の観点から行なってきたことを反省し、人口の急速な減少と経済のグローバル化が進む中で、外国人の能力を最大限に発揮できるような社会作りが不可欠となっており、このために多文化共生を推進することが必要であると説く。国土交通省は 2006 年に北関東を対象にして多文化共生の地域作りに関する大規模な調査を行い、その結果を『北関東圏における多文化共生の地域づくりに向けて』（2007 年 3 月）にあらわした。この調査は、製造業が集積する北関東圏には多くの在住外国人が就労しており地域の産業にとって重要な労働力となっているが、一方で、在住外国人の集住する地域では、在住外国人と日本人住民との間の生活トラブルや外国人児童生徒の就学問題等、日常生活の場面で、「生活者」としての在住外国人に関係する様々な課題が発生しているため、在住外国人の生活環境の維持・改善を図る取組を検討することが必要になっていると述べる。

　ここで確認しておくべきことは、「定住傾向にあるが日本語によるコミュニケーション能力を十分に有しない外国人住民に関わる課題を主な検討対象」（総務省）と示されているように、多文化共生の対象として特に意識されているのはブラジル人を始めとする定住化する日系南米人である。そして、国レベルで多文化共生論が浮上した背景には、日系南米人の定住化に伴い、かれらが不可視的な存在から可視的な存在になり始めたこと、そしてそれに起因するトラブルや摩擦が解決を必要とする地域的な課題として認識され始めたことが大きいと言えるだろう。また、就労先や居住地が頻繁に変わり、生活実態が把握できないことや情報が届きづらいという意味での「不可視な存在」であることも、放置すれば、中長期的には産業構造・経済活動にとって支障となるとの認識が強まったと考えられる。つまり、国が掲げる多文化共生は、経済活動を支える外国人の労働力の維持を図るために、かれらを生活者や地域住民として地域社会に包摂するという考え方に支えられている。

なお、研修生については、在留資格の「研修」が廃止されたことで、研修生であるがゆえに課せられた労働条件などは改善されることになった。ただし、短期雇用で研修先を変えることが出来ない不自由な労働者である点では、本質的な違いはない。

2 韓国

韓国では、2000年代に入り、外国人労働者問題に関する大きな制度的改編が2回あった。一つは、2003年7月に「外国人労働者の雇用許可等に関する法律」が制定、翌2004年8月から施行されたことである。この雇用許可制（Employment Permission System）の下で、低熟練技能分野での外国人労働者の正式な導入が開始された。雇用許可制制定の背景には、非正規滞在者の急増という問題が深く関係している。雇用許可制は、研修制度に代わる外国人労働者の確保と「不法滞在者」問題を解決するための新しいシステムとして構築されたのである。もう一つは、2007年3月に訪問就業制が施行されたことである。訪問就業制は、満25歳以上の中国朝鮮族と在CISコリアンを対象にして、韓国での就労を大きく自由化するものであった。

（1）雇用許可制

2000年に入って、雇用許可制制定に向けた動きが加速した。まず、同年3月に20の人権NGOがUN駐在韓国大使に外国人の人権保護を要請、4月にはアジア地域の移住労働者保護関連35団体がタイで集い、韓国をはじめとする5カ国をUN移住労働者保護協約の優先条約対象国と指定し、その文書を送付した。同4月には、金大中大統領（当時）が「外国人労働者差別待遇は、人権国家を目指すわれわれとして恥じること」と声明を出し、雇用許可制の制定を指示した。これを受けて、「外国人労働者保護対策企画団」の結成による本格的な検討が開始された。2003年の「外国人労働者の雇用許可等に関する法律」は、国内世論、国際NGOの活動などの後押しを受けるなかで制定された。ただし、産業界の反対には根強いものがあった。このため、研修生制度を利用してきた中小企業の利害や雇用許可制を

中小企業に適用することの困難さに対する配慮から、当面研修生制度は維持されることとなった。雇用許可制が定着した段階で研修生制度は廃止されるという想定のもと、雇用許可制は研修生制度との併用という形でスタートしたのである。

　雇用許可制の導入に向けて、非正規滞在者の取り締まり強化による海外退去措置と合法化措置が同時並行的に進められた。2003年3月31日段階で「不法滞在」が3年以下の外国人については、最長2年間の就労が認められた。「不法滞在」が3年以上4年未満の場合には、一度出国し、出国前の滞在日数と合わせて最長5年間の就労が認められた。ただし、出国後30日以内の入国が条件とされた。「不法滞在」が4年以上の場合は、2003年11月15日までに退去するよう求められ、それ以降は強制退去の対象とされた。この措置では、20万人弱の非正規滞在者が出頭し、大半が就労許可を得られたと言われている。

　雇用許可制は、労働力の送出し国をアジア8カ国に指定した。2004年8月段階で、韓国は中国とモンゴルを除くフィリピン、ベトナム、インドネシア、タイ、スリランカ、カザフスタン6カ国と覚書を交わしていた。雇用期間は、原則1年とし、最長3年まで延長することができる。この規定は、外国人の定住化防止と外国人労働者が経済的目的を達するに十分な期間という観点から定められている。国内に就業した後、出国した外国人は6ヶ月が経過した場合、国内に再就業することができる。これによって外国人労働者の長期滞在および定住化を防止するとともに、バランスのとれた外国人労働者の雇用を促進するとされる。家族同伴は禁止されている。また、契約延長、雇用中止撤回を要求する集団行動は禁止されている。職場変更は原則的に禁止されている。ただし企業体の休・廃業、事業者の正当な労働契約解除など不可避の事由がある場合には他の職場への変更が許可される。雇用許可制の大きな特徴の一つは、外国人労働者の透明な選定と導入が目指されていることである。研修生制度では研修生の導入過程に民間機関が介入していた

ことから、仲介費の不当な要求など様々な問題が発生した。雇用許可制では、韓国と送り出し国は国家間の了解覚書を締結し、外国人労働者の導入過程から民間機関の介入を排除することが定められている。

雇用許可制制定に先立つ対策強化によって、非正規滞在者は2002年の約29万人から2003年には約14万人にまで激減する。しかしその後、非正規滞在者は再び増加に転じ、2007年には約23万人に至る。雇用許可制は2006年末まで研修制度と同時並行的に進められたので、この間の非正規滞在者の増大は両制度の問題点と関連付けて検討される必要がある。しかし、雇用許可制の制定が非正規滞在者の減少に大きな効果をもたらさなかったことは確かである。

(2) 訪問就業制

雇用許可制は外国人一般を対象にするものであるが、訪問就業制は中国朝鮮族と在CISコリアンを対象にしたものである。縁故朝鮮族の場合は無制限に、32の業種において（雇用許可制で認められている製造業、建設業、農業などに加えサービス業や看護分野等も対象となる）、5年間有効で1回のべ3年間の在留を認めるビザが発給される。無縁故朝鮮族の場合は、数的規制（クオーター制）をかけて発給されるが、居住国にて韓国語試験が課される。訪問就業制は、無縁故朝鮮族が合法的に韓国で就労することを認めた初めての制度である。

政府の説明によれば、年齢を25歳以上としたのは若者中国朝鮮族の大学進学放棄を防ぐためであり、滞在期間を3年に限定したのは長期出稼ぎによる居住国（中国）での家庭崩壊を阻止する等の中国朝鮮族への配慮だとされている。また、政府は、訪問就業制実施に先立ち、2005年と2006年に非正規滞在の朝鮮族を対象に自主帰国プログラムを実施した。期間内に自主帰国した場合、出国後6ヶ月または1年以内に再入国を認めるという内容であった。この措置により、約8万5千人の朝鮮族が自主帰国した。

訪問就業制の制定は、2つの側面で大きな効果をもたらした。1つは、中

国朝鮮族の出稼ぎブームとも言える韓国への大量の移動が生じたことである。韓国における中国朝鮮族は 2002 年で約 12 万人であったが、2010 年には約 38 万人にまで増加した。もう一つは、中国朝鮮族のなかの非正規滞在者が急減したことである。中国朝鮮族の非正規滞在者は 2002 年で約 8 万人であったが、2010 年には約 2 万 5 千人となり、在留者全体に占める割合も 6％前後にまで減少した。この現象は、韓国の非正規滞在者全体の動向にも影響を与えた。すなわち、非正規滞在者は 2007 年から再び減少に転じ、2010 年段階で約 18 万人となっている。

第 4 節　論点の整理

ここまでの記述を踏まえ、以下の 5 つの側面において論点整理をしておく。

第一に、日本と韓国ではともに、1980 年代後半、非正規滞在者が増加する中で、低熟練技能分野での労働力不足と「不法就労」防止を主要な政策課題とする形で、外国人労働者への対応が始まった。両国はともに低熟練技能分野での外国人労働力の導入に慎重であった。日本はオールドカマーの戦後の経験やヨーロッパの外国人労働者の経験を教訓とし、低熟練技能分野での外国人の就労を原則禁止とする方針を堅持しつつ、研修生制度の拡大を通じて、労働力の導入を図ってきた。韓国でも研修生制度は労働力導入の柱であった。導入にあたっては日本の制度を参考にしたと言われる。また、両国では民族的出自を同じくする人々の出稼ぎ現象が見られた。

就労を目的とする人の越境移動は、送り出し国と受入国の経済的な格差を大きな背景とするが、二国間の歴史的な関係（日本とブラジル、朝鮮半島と中国）や受入国の受入政策にも大きく規定される。国益の観点から外国人を分類・選別する入国管理政策によって、海外からの労働力の流入の規模と属性はコントロールされるが、この関係は、「90 年入管法」が日系ブラジル人、訪問就業制が中国朝鮮族の大量移動を促した関係に象徴されている。

第二に、非正規滞在者は「不法性」のゆえに無権利状態に置かれてきた。研修生は、「安価な労働力として自国の経済に貢献してもらい、短期間で帰国する」便利な労働者である。いずれの形態においても、国にとって有用な労働力を確保し、負担するコストを最小限に抑えるという、「利益最大化」と「コスト最小化」の政策的意図は十分に満たされてきたと言えるであろう。ただし、非正規滞在者は、国家の正当性を揺るがす問題である。韓国では研修生の相次ぐ逃走や中国朝鮮族が外国人一般と同等の待遇しか与えられない状況のなかで、非正規滞在者が増加し続け、2002年には就労外国人の8割を占めるに至る。このような事態を受けて、韓国政府は雇用許可制の導入に踏み切る。日本では非正規滞在者は1993年に約30万人でピークを迎え、その後は漸減してきた。日本では非正規滞在者に関連する問題の大きな可視化やトラブルは認められない。

　第三に、韓国の雇用許可制は台湾の制度を参考にしたと言われる。日本も外国人労働者受入の構想において台湾を参考にしていると言われる。台湾はいち早く1990年代初頭に低熟練技術分野での外国人労働力の導入に踏み切っている(注4)。台湾政府は、外国人労働者による国内労働市場への悪影響を防ぐために、「必要性、切迫性及び代替不可性」を基本的な受入

(注4) 外国人労働者の受入に関する日韓と台湾の相違点について1点言及しておくと、1949年、中国共産党との内戦に敗れて中国を追われた蒋介石・国民党政府は台湾に逃れたが、かれらとともに中国から台湾に逃れ定住した人々は「外省人」と呼ばれ、日本の敗戦以前からの住民である「本省人」と区別される。いずれも中国大陸から移住してきた漢民族であり、これら「漢人」が台湾地区全人口の98％以上を占めている（2005年前後のデータ）。台湾は、戦前から戦後にかけて、「中国大陸からの移住者を受け入れることによって形成された地域」と言うことができる。
　こうした歴史的経緯のなかで、日本とブラジル、朝鮮半島と中国のような、国際的な人の移動に影響を及ぼす特別な歴史的経緯と二国間関係が「中国と台湾」の間には存在しない。換言すれば、台湾にとって歴史的・人種的に最も関係が深く、かつアジア最大の人口と労働力供給圧力を持つ中国との間で、国交および二国間の人の移動が制限されている。このため、台湾は、アジア最大の労働力供給圧力を持つ中国をあらかじめ送り出し国対象から捨象し、新たな送り出し国（東南アジア諸国）との関係を構築する必要があった。

条件として、計画的な管理の下に外国人労働者を受け入れてきた。台湾でも非正規滞在者問題や契約労働者が逃走するという問題は存在し、主要な政策課題を構成してきた。しかし、非正規滞在者を合法労働者の1割程度に抑えてきたこと、また、契約労働者の逃走率も韓国の研修生と比べればはるかに低く、台湾は、ある意味での「成功」モデルに見える。ただし、台湾では、1999年と2005年に2度外国人労働者による「暴動」が起きており、外国人労働者の異なる文化、慣習、言語、そして生活環境に対する管理と配慮の難しさが浮き彫りになっている（田巻、2009、24-27頁）。いずれにしても、日本が低熟練技能分野での外国人労働者の導入を構想する場合、台湾の受入政策と韓国の雇用許可制の多面的な検討が必要となろう。台湾の契約労働者や韓国の研修生の逃走問題にみられる本質的な問題の1つは、職場や研修先を変更できないという「不自由」さにある。契約先や研修先を変更できない不自由の下では、劣悪な状況に直面した労働者にとって、選択は忍耐か逃走のいずれかになる。この点に関しては、日本の研修生制度の改定がどのような事態を生むのかについても注視する必要がある。

　第四に、短期間で大量の人が移動する出稼ぎ現象がどのような問題を孕むのか、この点については、近年の中国朝鮮族の動向が特に注目されよう。中国朝鮮族の韓国への出稼ぎは1992年の韓中国交樹立後増大したが、2007年の訪問就業制制定以降の急増ぶりには目を見張るものがある[注5]。訪問就業制の制定によって非正規滞在の中国朝鮮族は激減したが、中国朝鮮族に関する研究では「危機論」的な観点にたったものが少なくない。それらは、送り出す中国朝鮮族社会における、朝鮮族集居地の人口減少、民族教育の弱化現象、家族に対する責任と愛情の薄弱化、農村結婚適齢期男性の結婚問題の深刻化等、「韓国ブーム」に起因する朝鮮族社会の安定さを破壊する急激な変化を問題視するものである。韓国から帰国した労働者が本国では低賃金ゆえに就労意欲を喪失し、出稼ぎにますます依存していくという問題もある。出稼ぎ先で長期間低熟練技能分野の労働に従事し、その間

送り出し社会の経済・産業構造の変容が進めば、職種の面で帰国後の適応が困難になるという事態も起こってくるであろう。こうした点を踏まえると、日系南米人のほぼ20年に及ぶ出稼ぎ現象が送り出し地域をどのように変容させてきたのかについて、改めて検討する必要を感じる。中国朝鮮族と日系南米人の比較研究は、出稼ぎ現象の光と影の部分を大きく映し出すかもしれない。また、民族的出自を同じくする人々に対する処遇の違いは、日本と韓国の外国人や民族に対する国家観や民族観の異同を浮き彫りにするであろう。

最後に、外国人の子どもの存在について触れておく。日本と韓国ではともに、民族的出自を同じくする人々の出稼ぎ現象が見られた。極めて大きな相違点は、日系南米人の出稼ぎが子どもの移住をも促したのに対し、中国朝鮮族の場合は子どもの移住を伴わなかったことである。中国朝鮮族の韓国への大量の出稼ぎは、子供を本国にいたままで長期滞在化の傾向を強めたため、欠損家庭や留守家庭に残された子どもたちの存在が大きく問題視されることになる。また、韓国の雇用許可制は、単身者の雇用を許可するもので、家族同伴は禁止されている。出稼ぎ者の家族同伴を禁止する政策は、台湾でも同様に取られてきた。韓国では、外国人労働者の子どもの存在が問題化されることはなかった。これに対し、日本では、日系南米人の子どもを中心に、外国人労働者のこどもが親との同行、呼び寄せ、日本での出生という形で存

（注5）中国朝鮮族の受入に関する韓国政府の方針は近年大きく変化している。2011年9月韓国政府は訪問就業制5年の期限満期を前に、大量の出稼ぎ労働者の満期帰国による国内労働市場の空洞化を憂慮し、訪問就業制度をさらに延長する法案を発表した。さらにその後、2012年4月に法務部は「外国籍同胞制度変更改善案内文」を発表した。その内容は、「国家公認技術資格証（機能士資格証）取得者」には在外同胞ビザを発給するというものであった。在外同胞ビザは1998年に制定された「在外同胞法」によるものであるが、先に示したように、中国朝鮮族は対象から外されていた。2008年から中国朝鮮族にも在外同胞ビザが適法されるようになるが、対象はごく一部に限定されていた。2010年からは4年生大学卒業生、公務員及びその家族にまで発給対象が拡大された。さらに、2012年の在外同胞ビザの拡大実施により（「外国籍同胞制度変更改善案内文」の発表による）、訪問就業ビザ取得者が、情報処理、美容など383の分野で公認技能士以上の国家技術資格を取得した場合には、在外同胞ビザへの変更が認められることになった。

在する。また、日系南米人の子どもに比べれば数ははるかに少ないが、非正規滞在者の子どもも存在する。日本における外国人児童生徒の存在や増加は、日系南米人の大量流入を促すとともに、非正規滞在者の流入と定住化を「黙認」してきた日本政府の独自な外国人労働者受入政策の産物である。

参考文献

- 梶田孝道・丹野清人・樋口直人『顔の見えない定住化』名古屋大学出版会、2005年
  国土交通省国土計画曲『北関東圏における多文化共生の地域づくりに向けて』平成18年度国土施策創発調査・北関東圏の産業維持に向けた企業・自治体連携による多文化共生作り調査報告書、2007年3月
- 鈴木理恵子「選別化が進む外国人労働者－非正規滞在者の排除と合法滞在者の管理強化」渡戸一郎・鈴木恵理子・APFS編著『在留特別許可と日本の移民政策－「移民選別」時代の到来』明石書店、2007年
  総務省『多文化共生の推進に関する研究会報告書－地域における多文化共生の推進に向けて』2006年3月
- 丹野清人「在日ブラジル人の労働市場－業務請負業と日系ブラジル人労働者」大原社会問題研究所雑誌、No.487、1999年6月
- 丹野清人（「人手不足からフレキシブルな労働力へ－労働市場におけるブラジル人の変化」『顔の見えない定住化』（2005年）所収
- 田巻松雄・青木秀男「アジア域内の労働力移動－受入国韓国と送出国フィリピンの最近の動向と現状－」『宇都宮大学国際学部研究論集』第22号、2006年10月
- 田巻松雄「アジアにおける非正規滞在外国人をめぐる現状と課題－日本、韓国、台湾を中心に－」（『アジア・グローバル都市における都市可層社会変容の国際比較研究』平成17～19年度科学研究費補助金基盤研究（B）研究成果報告書（課題番号16330094）、研究代表者田巻松雄）、2009年3月
- 田巻松雄（「グローバル化と下層問題－野宿者・外国人労働者からみる現代日本」水島司・田巻松雄編著『日本・アジア・グローバリゼーション』（「21世紀への挑戦」第3巻）、日本経済評論社、2011年
- 鄭信哲「中国朝鮮族社会の現状と未来－移動に伴う影響と役割」（『朝鮮族のグローバルな移動と国際ネットワーク 「アジア人」としてのアイデンティティを求めて』中国朝鮮族研究会編、アジア経済文化研究所、2006年
- 鄭雅英「韓国の在外同胞移住労働者－中国朝鮮族労働者の受入れ過程と現状分析－」『立命館国際地域研究』第26号、2008年2月
- 樋口直人「共生から統合へ－権利保障と移民コミュニティの相互強化に向けて」『顔の見えない

定住化』（2005 年）所収
- 渡邊博顕「非正規就労外国人労働者の雇用・就業に関する事例」JILPT Discussion Paper 05-014、2005 年 9 月
- 『平成 2 年　警察白書　特集　外国人労働者の急増と警察の対応』
- JITCO（財団法人　国際研修協力機構）『2000 年度版　外国人研修・技能実習事業実施状況報告　JICTO 白書』および『2004 年版』
- 入管協会『国際人流』（1992 年 9 月、1994 年 10 月、2001 年 6 月）。
- 自由民主党国家戦略本部外国人労働者 PT（2008 年 7 月）『「外国人労働者短期就労制度」の創設の提言』
- Hong,Jiwon.「韓国における移住労働者政策の変遷と展望」梶田孝道編『人の国際移動と』現代国家―移民環境の激変と各国の外国人政策の変化』一橋大学社会学部、2001 年
- Kang, Su Dol, "Typology and Conditions of Migrant Workers in South Korea", *Asian and Pacific Migration Journal,* Vol.5, No.2-3,1996.
- Kim,Joon. " Insurgency and Advocacy: Unauthorized Foreign Workers and Civil Society in South Korea", *Asian and Pacific Migration Journal,* Vol.12, No.3,2003
- Park, Seok-Woon,,ChongKoo, Lee and Dong-Hoon,Soeul,. " A Survey of Foreign Workers in Korea 1995", *Policies & Protective Measures Concerning Foreign Migrant Workers.* 1995
- Seol,Dong-Hoon, " Foreign Workers in Korea 1987-2000: Issues and Discussions," *KASARINLAN*, Vo.15,No.1,2000

第3章　外国人児童生徒と教員を取り巻く環境

はじめに

　外国人児童生徒教育問題は、外国人児童生徒が直面する問題でもあるし、日本語指導教員等関連する教員が直面する問題でもある。文部省は1991年度より日本語指導を必要とする外国人児童生徒数を調査し始めるとともに、義務教育費国庫負担金制度により外国人児童生徒担当教員を加配する措置を始めたが、個別・具体的な対応は実質上都道府県や市町村に任せる状態が続いてきた。2014年度から日本語指導が必要な児童生徒に対する日本語指導は「特別な過程における日本語指導」として正式な授業と位置付けられることとなった。これまで、外国人児童生徒に対する教育は特別なサービスであった。本章では、外国人児童生徒と担当教員をめぐる教育環境について基礎的な事実を提示しつつ、どのようなことが問われているのかについて整理する。

第1節　外国人児童生徒数の推移と国の基本方針

(1) 外国人児童生徒数の推移

　文部省は1991年度から日本語指導が必要な児童生徒に対する調査を始めた。「この調査は、平成2年6月に『出入国管理及び難民認定法』の改正が施行されたことなどにより日系人を含む外国人の滞日が増加し、これらの外国人に同伴される子どもが増加したことを契機に平成3年度から調査を開始したものである。なお、この調査において、『日本語指導が必要な外国人児童生徒』とは、日本語で日常会話が十分にできない児童生徒及び日常会話ができても、学年相当の学習言語が不足し、学習活動への参加に支障が生じており、日本語指導が必要な児童生徒を指す」と記されているように、この調査は特にニュー

カマー日系人児童生徒の増加を意識して開始されたものである。

　1991年9月1日段階での最初の調査は、92年4月に「日本語教育が必要な外国人児童・生徒の受け入れ・指導の状況について」として発表された。この91度調査と93年度調査の結果を確認できたが、当時の調査は「日本語指導が必要で、実際に指導を受けている児童生徒の数」であり、調査対象も小学校と中学校だけであった（文部科学省職員による。文部省は2001年に文部科学省に移行）。現在は、日本語指導を実際に受けているかどうかに関わらず、日本語指導が必要と判断される児童生徒の数が把握されており、調査対象も小中学校に加え、高等学校と特別支援学校に広がっている。

　1991年度調査では、日本語指導が必要な児童生徒数は5,463人であり、母語別では、多い順に、ポルトガル語1,932人（35.4％）、中国語1,624人（29.7％）、スペイン語596人（10.9％）で、以下、韓国語・朝鮮語（6.0％）、ベトナム語（4.8％）、英語（2.8％）、フィリピノ語（2.2％）と続く。93年度調査（9月1日）では、総数10,450人で、母語別では、ポルトガル語4,056人（38.8％）、中国語3,171人（30.3％）、スペイン語1,347人（12.9％）と、以下、英語4.1％、ベトナム語3.3％、韓国・朝鮮語3.1％、フィリピノ語2.7％である。2年間で総数はほぼ倍増している。母語別では、ポルトガル語、中国語、スペイン語ともに倍増している。この3言語で全体の8割前後を占めていた。

　1999年度以降の外国人児童生徒数の推移を示したのが表1である。総

表1　外国人児童生徒数及び日本語指導が必要な児童生徒の母語別構成比

		1999年	2000年	2001年	2002年	2003年	2004年	2005年	2006年	2007年	2008年	2010年	2012年
外国人児童生徒（人）	総数※1	—	—	—	—	70,902	70,345	69,824	70,936	72,751	75,043	74,214	71,545
	日本語指導が必要※2	18,585	18,432	19,250	18,734	19,042	19,678	20,692	22,413	25,411	28,575	28,511	27,013
母語別構成比（％）	ポルトガル語	41.6	40.3	39.1	36.1	35.6	35.7	36.5	38.5	40.2	39.8	33.2	32.8
	中国語	30.5	29.5	28.7	27.6	25.8	23.5	21.6	19.9	19.9	20.4	21.6	20.4
	スペイン語	10.8	11.3	12.5	13.7	14.0	14.9	15.3	14.6	13.7	12.7	12.4	12.9
	フィリピノ語（タガログ語）	4.6	5.2	5.8	7.1	8.0	9.1	10.5	11.2	11.4	11.8	15.3	16.6

※1：各年の5月1日現在のデータ
※2：各年の9月1日現在のデータ

数は、確認できた 2003 年度以降 7 万人前後で推移しており、大きな変化はない。ピークは 2008 年度の 75,043 人でその後は漸減傾向にある。日本語指導が必要な児童生徒数は 2005 年度に初めて 2 万人を超え、2008 年度には 28,575 人にまで増加した。その後は、総数と同様に漸減傾向にある。母語別構成比ではどの年もポルトガル語の割合が一番高いが、近年では 2007 年度の 40.2%をピークに漸減傾向にあり、2012 年度では 32.8%となっている。過去 10 年間、中国語は 2 割前後、スペイン語は 1 割強で大きな変化はない。フィリピノ語（タガログ語）の割合はコンスタントに増加し、2010 年度にスペイン語を抜いて 3 番目となった[注1]。2012 年度現在（5 月 1 日）、この 4 言語で全体の 82.7%を占めている。

(2) 国の基本方針と変化

外国人児童生徒に対する国の基本方針は、就学義務は課さず、就学希望があれば受け入れるというものである。「外国人児童生徒は、我が国の義務教育への就学義務はないが、公立の義務教育諸学校へ就学を希望する場合には、国際人権規約等も踏まえ、日本人児童生徒と同様に無償で受け入れており、教科書の無料配布及び就学援助を含め、日本人と同一の教育を受ける機会を保障している（文部科学省初等中等教育国際教育課）。

戦後の外国人児童生徒教育は朝鮮人に対する教育であった。1957 年時点での文部省の調査では、小中学校外国人児童生徒 134,818 人中、朝鮮人は 127,243 人で 94.4%を占めていた。当時の基本方針は、「義務教育を施す必要はない」ことと「義務教育無償の原則は適用されない」ことであった。当時の方針と比べて、就学義務を課さない点は連続しているが、「有償」であった点は日本人と同一の「無償」に変化している。

(注1) 文部科学省「日本語指導が必要な児童生徒の受入れ状況等に関する調査」では、当初フィリピン人の母語についてはフィリピノ語の表記であったが、現在はフィリピノ語（タガログ語）になっているので、以下の記述は、それに従った。

現在の外国人児童生徒に対する教育方針は、いわゆる在日三世協議の決着を踏まえたものである。1991年1月10日に日本と韓国の外務大臣が署名した「覚書」のなかで、教育問題に関して、日本人と同様の教育機会を保障するため保護者に対して日本の義務教育諸学校への入学に関する案内を発給するように指導することが決められている。

学齢期にある外国人児童生徒に対する日本政府の方針は、日本人と同様に入学案内を発給し、就学を希望する場合には認め、必要に応じて国・県の予算で教員を加配するというものである。制度的には日本人児童生徒と同様の教育機会を外国人児童生徒に与えていることになるが、教育方針や教育内容について具体的な指針や基準が示されているわけではない。

まず、教員の加配の必要性について、明確な基準があるわけではない。大まかな傾向としては、「日本語指導が必要な児童生徒」が多い学校に教員が加配されることになるが、「日本語の必要性」についての客観的基準はなく、「多さ」についての数値的基準があるわけでもない。教員の加配の実態は都道府県で異なると思われる。

栃木県の実情をみると、日本語指導が必要な児童生徒が5名以上いる場合に教員が加配されている場合が多いようであるが、そのような学校は少数である。2007年5月1日現在、栃木県内には日本語指導を必要とする児童生徒の在籍校は108校あったが、108校のうち、栃木県教育委員会によって外国人児童生徒教育拠点校（以下、拠点校）として指令され、「外国人児童生徒担当」加配教員が配置されていたのは38学校であった。拠点校とは、教員が加配され、外国人児童生徒に対する指導を目的とした特別教室が設置されている学校である。特別教室の名称は日本語教室や国際教室等で、これも都道府県によって異なる（栃木県では日本語教室と呼ばれる）。在籍人数別学校数をみると、全国的にも、日本語指導を必要とする児童生徒が少数在籍する学校が多いことが分かる。1991年度調査では、「1人校」39.6％、「2人校」26.2％、「3人校」12.5％、「4人校」7.7％で、1～4人校

が全体の 86.0％を占めている。2012 年度調査では、「1 人校」41.6％、「2 人校」18.0％、「3 人校」8.7％、「4 人校」5.6％で、1 ～ 4 人校が全体の 73.9％となっており、全体的な傾向は大きくは変わっていない。つまり、日本語指導を必要とする児童生徒が在籍していても教員が加配されていない学校が多数あるという現実がある。

　特別教室での指導は、日本語指導、適応指導、学習指導（教科補充指導）からなるが、正式な授業として位置づけられているわけではない。いわば特別なサービスである。したがって、外国人児童生徒への指導を規定する学習指導要領はないし、全国統一のテキストも存在しない。以上のような環境の中で、外国人児童生徒教育は行われてきた。

　政府が外国人児童生徒教育の充実強化の必要性を強く認識し始めたのは、2005 年頃からであったと思われる。文部科学省初等中等教育局長決定で 2007 年 7 月に設置された「初等中等教育における外国人児童生徒教育の充実のための検討会」は、小中学校における外国人児童生徒の受入体制の整備や日本語・適応指導の充実を図ることが急務の課題となっているとの立場から、約 1 年間充実方策を多面的に検討し、その結果を 2008 年 9 月に『外国人児童生徒教育の充実方策について』として著した。外国人児童生徒教育の整備や充実が急務と認識された背景には、学校における受入にあたって特に対応が必要となる「日本語指導が必要な外国人児童生徒」の数が 2005 年度調査（5 月 1 日現在）で初めて 2 万人を超えたことが、大きく関係しよう。上記の報告書では、外国人生徒の高校進学を支援することが重要であると指摘されている。高校進学支援の重要性は、外国人児童生徒の滞在長期化、定住化が進み、日本の高校への進学を希望する外国人生徒が増加傾向にある事態を受けて認識され始めたものと思われる。

第2節　外国人児童生徒を取り巻く環境

(1) 生活環境

　栃木県内の外国人児童生徒の保護者を対象に2005年に実施した「保護者意識調査」[注2]から、ニューカマー系外国人児童生徒に特有な生活環境が浮かび上がっている。

　第一は、将来的な不透明さである。407人の外国人児童生徒の保護者から回答を得た調査結果をみると、滞在年数では、11－15年が約4割で一番多く、10年以上が半数を占めている。現在の滞在予定では、「定住を希望」が34.4%、「いずれ帰国を希望」が15.7%である。来日前の滞在予定では、「定住を希望」が13.8%、「いずれ帰国を希望」が45.2%であった。以上から、長期滞在化傾向が読み取れる。ただし、現在の滞在予定で、「特に決めていない」が約4割を占めていることが注目される。約4割の家庭は、定住か帰国か、はっきり決めていない状況がある。現在の滞在予定で「特に決めていない」の割合をブラジル国籍とペルー国籍別に見ておくと、ブラジル国籍46.7%、ペルー国籍43.7%であり、全体の平均より高い。10年以上の滞在者が多い中で、定住か帰国を決めあぐねている人が多いという結果（特にブラジル・ペルー国籍の南米系ニューカマー）は、かれらの置かれている生活状況の不安定さを反映しているものと思われる（田巻、2006）。

　第二は、「移動」の多さである。高橋節子の調査では、総数241人の日本語教室で、過去10ヶ月の間に89人の入室と53人の転出があった（高橋、

（注2）「保護者調査」（実施時期は2005年11月～12月）は、外国人登録者数が多く、全人口に占めるその割合も高いと思われる4市を取り上げ、その4市全ての小中学校とその他の県内の拠点校を対象とした。そして、対象となる小・中学校に在籍する外国人児童生徒のすべての保護者（全ての外国籍の保護者）を対象として設定し、子どもの教育環境に関する外国人の保護者の意識を探ることを目的にして行った。407人の保護者から回答を得た。調査結果は、『栃木県における外国人児童生徒問題の現状と課題』（報告書および資料集、2006年3月刊）としてまとめた。

2005)。転入転出の激しいところでは、児童生徒の在籍者は毎月のように変わっていると言う。われわれは、外国人児童生徒の保護者に、来日後の転職・引越し回数を聞いている。その結果は、全体で47.7%の保護者が3回以上の転職を経験しており、そのうち、18.7%が5回以上の転職を行っている。また、45.4%の保護者が来日後3回以上の引越しを経験し、そのうち12.8%が5回以上の引越しを行っている。ブラジル国籍の場合、3回以上の転職は56.8%、5回以上は21.9%、3回以上の引越しが41.7%、5回以上は13.0%、ペルー国籍の場合、3回以上の転職は45.3%、5回以上が13.3%、3回以上の引越しが55.4%、5回以上が11.7%となっている。ブラジル国籍者の転職は、全体およびペルー国籍者に比べて高い。これに対して引越しは、「3回以上」は全体およびペルーに比べて少ないが、逆に、「5回以上」は多くなっている。ペルー国籍者の場合、3回以上の引越しが5割を超えていることが注目される。全体として、移動頻度が高いと言えよう（田巻・坂本、2007）。

　一般に、転職・引越しと子どもの転校は、大きく関係していると思われる。転校の問題性について言及しておくと、まず、「一人一人の児童生徒の成長を時間をかけて見守ることができない。教員の努力が結実する前に生徒はいなくなり、また新しく入ってくる。虚しさが残る」（高橋、2006、257頁）といった教育現場での難しさがある。「来日以来何度も学校を変えている子どもの場合、学習への動機づけは容易ではない」（宮島、2002、133頁）という指摘に見られるように、一般に、転校の多さは、児童生徒の学習意欲にマイナスの影響を与える可能性が大きいであろう。駒井は、外国人児童生徒が不就学化する圧倒的なきっかけは転校であると強調している（駒井、2006）。

(2) 厳しい学習環境

　外国人児童生徒が直面している厳しい現実を、4つの側面から整理しておく。
　第一に、日本語指導を必要とする外国人児童生徒のなかで、教員が加配

される学校(栃木県の場合は「拠点校」)に在籍していない児童生徒が相当数存在する。先に示したように、栃木県では、2007年5月1日現在、外国人児童生徒は118校に在籍していたが、拠点校は38であった。日本語指導を必要とする554人のうち、38校の拠点校に通うのは397人(71.7%)で、157人(28.3%)は拠点校ではない80校に通っている。すなわち、日本語指導を必要とする児童生徒の約3割が日本語教室という形態での日本語指導を受けていない。ちなみに、外国人児童生徒総数1,417人のうち38の拠点校に在籍していた外国人児童生徒は740人で、平均在籍者19.5人、拠点校ではない222校には、677人の外国人児童生徒が在籍していた(平均在籍者3.0人)。拠点校における集中傾向と非拠点校における分散傾向が認められる(遠藤、2008)。

第二に、教科学習において日本語の問題を抱える児童生徒が少なくない。県内拠点校に在籍する小学校4年から中学3年までを対象とした調査では、以下の結果が出ている。「日本語がわからないために教科の内容がわからないことがあるか」という質問に対し、現在日本語指導を受けている児童生徒の場合、小学生では64%、中学生では60%が「ある」と回答した。同様に、試験問題の理解に関する質問「試験のときに問題文の日本語がわらないことがあるか」では、小学生74%、中学生70%が「ある」と回答した。多くの児童生徒にとって、日本語の難しさが教科学習や試験に影響していることが理解される。なお、現在日本語指導を受けていない児童生徒の場合、前者の質問に対して、小学生10%、中学生16%、後者の質問に対して、小学生18%、中学生21%が「ある」と回答している(鎌田、2006)。割合は低くなっているものの、日本語指導を受けていない児童生徒にとっても、教科学習や試験における日本語の理解が難しいという問題は存在している。

第三に、不就学の問題がある。不就学とは、学齢期の児童生徒が国・公・私立の小中学校、外国人学校のいずれにも通っていない状態をさす。全国的に、不就学状態にある外国人の子どもたちの存在が問題視されている。不

就学を生む最も大きな要因は、日本政府が外国人の子どもに就学の義務を課していないことにある。一方、外国人学校については、数が少ないことや学費が高い等の理由で、就学者は限られている（5章参照）。

　滋賀県を除き、都道府県レベルでの不就学に関する調査はこれまで皆無である。栃木県内では、小山市、真岡市、栃木市が、不就学の実態把握を試みたことがある。いずれも、義務教育年齢の外国人登録者情報をベースにしながら、市内小中学校の外国人児童生徒在籍者数や外国人学校通学者数等のデータを使って、不就学者数及び不就学率を算出している。3市のなかでは、小山市が一番細かな算出を試みている。その結果によると、2007年11月1日現在の不就学率は、小学校で27.2％、中学校で12.4％であった（大谷、2008）。外国人登録者情報をベースにした算出は、登録者に居住実体がないものが含まれる、在留資格が無い等の理由で登録していないものをカバーできない、等の理由で推測の域を出ない。全国的な動向を見れば、統計的な数値を使って算出した不就学率より、実際の不就学率は全般的に低い。小山市関係者も実際の不就学率はもっと低いと予想している。しかし、当時小山市の不就学者は4割を超えているのではないかという学校教員の見方もあった。外国人児童生徒の保護者の回答からは、県内で少なくとも100人以上の不就学者が予想される結果が出ている（田巻　2006）。

　最後に、外国人生徒の高校進学問題がある。日本人中学生の高校進学率は約98％であり、ほぼ全入学と言える状況である。外国人生徒の高校進学率に関する全国的なデータは無い。外国人集住都市会議参加24都市を対象にした調査によれば（2008年3月の卒業生対象）、進学者は73.8％（411人）、就職者は10.6％（59人）、その他15.6％（87人）だった。この都市会議に参加している自治体のように外国人児童生徒が多い地域では、一般に、行政・学校・地域の関心が高く、外国人児童生徒の教育問題に対して先進的な取り組みが行われてきている。外国人児童生徒が少ない他の地域における外国人生徒の高校進学率は、全般的により低いと予想される。栃木県

でも外国人生徒の高校進学率は公表されていない。なお、1972年の日中正常化以降日本への帰国の途が開かれ、帰国して日本の小中学校に就学するようになった中国帰国生徒にも高校進学が難しいという同様の問題がみられてきた。90年代のデータを参照すると、中国帰国生徒の高校進学率は5-6割前後を推移しており、8割を越える帰国子女や98%前後の日本人に比べてはるかに低い。外国人生徒や中国帰国生の高校進学を困難にする主な要因としては、言葉の壁（特に教科の内容を理解できる学習言語能力）、経済的な問題、情報不足などがあげられる。

　外国人児童生徒が置かれている教育環境と直面している教育問題の厳しさは、不就学と高校進学問題に象徴されていると思われる。将来日本に住むかどうかは別として、何人も地球社会の一員として教育を受ける権利があるとの認識に立つことが必要であろうし、仮に日本に住み続けるとすれば、日本で安定して生きていけるように教育することが結局は日本社会にとってメリットとなるという発想も不可欠であろう。

(3) 野元の見解

　外国人児童生徒教育の現状に対しては、様々な角度からの批判や問題提起がなされてきた。ここでは、これまでの記述を踏まえ、野元弘幸（2006）の主張を参照しながら、考えるべき課題を抽出しておこう。野元は、外国人の子どもたちの実態を「排除」という観点から捉える。排除の実態は、不就学問題が存在すること、高校進学率が低いこと、外国人学校には限られた子どもしか就学していないことにみられる。

　このような学校システムからの排除をもたらす原因は、制度面では2つある。1つは、「外国人の子どもたちには義務教育は適応されない」との立場にたって、市町村教育委員会が就学を「許可」するという原則的立場に立つとともに、就学への働きかけは「形式的」なものに留まる等の理由である。もう1つは、高校進学のための特別選抜入試制度（入国後3年以内を条件とする）

が、外国人生徒の高校進学の壁になっている点である。

　一方で、野元は、学校現場のカリキュラムでは、外国人の子どもたちを排除する「隠されたカリキュラム」が存在すると指摘する。これは、大別して3つに分かれる。1つは、日本語教育の質的・量的問題である。以前は、生活言語能力の習得を持って日本語指導が打ち切られ、子どもたちが授業の内容を理解できないという事態が放置されていた。現在、「教科内容重視型」で学習言語能力を身につけさせる日本語指導にシフトしているが、十分な効果が上がっていない実態がある。2つめは、日本語指導の取り出し授業によって、外国人の子どもたちが原学級の授業から取り残されていくという問題がある。3つめは、第二言語（日本語）への移行や第二言語の習得さらには文化的アイデンティティを保持するうえで決定的に重要な母語教育がほとんど実施されていないことである。第3の点について付言すれば、子どもたちの思考力を育てるためには、日本語であれ母語であれ、1つの学習言語を確立することが不可欠である。どちらの言語も中途半端でセミリンガルあるいはダブルリミテッドになった場合（日本語の学習言語能力が育たず、その一方で、母語を忘れていくような場合）、子どもの思考力は育たない。この点を踏まえると、母語教育への配慮が必要になるが、学校現場で母語教育の重要性が認識され実践されることはほとんどない。

　最後に、野元は、排除の構造が維持されてきた背景として、外国人の子どもたちの学習支援に関わる教育者や市民が「多文化共生」言説に絡め取られ、非対称である援助主義に陥っていることを、要因として重視している。繰り返しになるが、援助主義とは、支援者が、支援される側が支援のあり方に主体的に関わることを望まず、支援する－
支援されるという非対称の関係が維持されることを望むものである。

　以上のような野元の指摘は、特に現場の教員が多かれ少なかれ意識していることとかなり重なる点があり、関係者が広く受けとめ考えてみるべき論点を多分に含んでいる。問題は、このような大きく根源的な課題を感じつつも、

それぞれの現場で一人ひとりの教員が出来ること、変革できることが、現在の教育環境では非常に限られている点にある。

第3節　教員を取り巻く環境

(1) 外国人（籍）教員の不在

　外国人児童生徒の増加は、いわば、学校現場のグローバル化を意味している。このような事態に向き合うには、外国人児童生徒の母語・母国文化への理解と尊重、国際理解教育の推進等、学校教育のグローバル化も重要な課題であろう。ここでは、この点に関し、「外国人の教員の任用」の実態について簡潔に触れておきたい。

　日本では、長い間、一般公務員として任期の期限を附さない正式任用の外国人教員は全国的にほとんど皆無であった。この根本的な原因は、地方公務員に対する国籍条項にある。一部の公務員を除き、一般の公務員については、法律上は日本国籍を就任要件として明記していない。そのため、法律上は一部の公務員以外の公務員の任用において外国人を起用することが可能である。しかし、1953年3月25日に「法の明文の規定が存在するわけではないが、公務員に関する当然の法理として、公権力の行使または国家意思の形成への参画にたずさわる公務員となるためには、日本国籍を必要とするものと解すべきである」とする内閣法制局の見解（「当然の法理」）が示されたことで、外国人の公務員任用は事実上難しくなった。

　公立学校の教員のうち「教諭」については、校長の行う校務の運営に参画することにより公の意思の形成への参画に携わることを職務としていると認められることから、公務員に関する当然の法理の適用があり、日本国籍を有しない者を任用することは出来ないものとされている。教諭とは、①主として児童生徒の教育指導に従事することと、②校長の行う公務運営に参画することが出来る教員である。

これに対し、教諭（又は）助教諭に準ずる職務に従事するとされる教員である「講師」については、1991年の日韓間の「覚書」の結果、在日韓国人など日本国籍を持たない者の任用が可能となった。それにより、1992年度から、全国都道府県および指定都市が行う公立学校教員採用選考試験から、外国籍の者についても受験が認められることとなった。この措置は、「講師は、普通免許状を有しており、授業の実施など児童生徒に対する教育指導面においては教諭とはほぼ同等の役割を担うものと考えられるが、校長の行う公務運営に関しては、教諭と異なり、常に教務主任や学年主任など主任の指導・助言をうけながら補助的に関与するにとどまるものであり、外見的に公務運営に関する行為があったとしても、それはあくまでも補助的な関与であって、公務の運営に『参画』するものではないと解されるのである。したがって、講師は『公務員に関する当然の法理』の適用のある職とはみなされない」との解釈の下で決定された（小野、1991）。

　外国人講師の数については、断片的な数字しか把握できていない。全国在日外国人教育研究所の公表（ HYPERLINK "http://kenkyusho.blog.shinobi.jp" http://kenkyusho.blog.shinobi.jp、2012年12月23日検索）によれば、外国人教員数は1988年度50人（当時の自治省調査の発表によるものであり、自治体別の数は発表されていない）、1997年度98人、2008年度215人である。215人の地域分布は21県と7市であるが、大阪府（63人）と大阪市（54人）に集中している。両地域の教員の大半は韓国籍であると思われる[注3]。

（注3）2013年10月27日に宇都宮大学で開催した「多言語による高校進学ガイダンス」に現在愛知県豊田市の中学校の教員をしている伊木ロドリゴさんにゲストスピーカーとして参加いただいた。かれは、学齢期に全く日本語が解らない状況でブラジルから日本に来日し、外国人児童生徒として日本で学び、教員免許を取得するに至った人物である。堪能な日本語での体験談発表からは粘り強く努力を重ねた歩みがうかがえたが、ブラジル国籍の教員について質問したところ、愛知県でもかれ1人ではないかと語っていた。外国人講師の国籍別情報は不明であるが、南米系教員はわずかで、大半が韓国籍だと思われる。

増加傾向は確認できるが、現在のところ、あまりにも少ない数である。原因としては、講師は教諭よりも低い職種に置かれていること、「講師は特別の事情がある場合に教諭に代えて置かれる」と定められていることが大きいと思われる。学校教育のグローバル化は実質上進んでいない。

(2) 外国人児童生徒教育固有の難しさ

　外国人児童生徒教育に固有の特徴・難しさとして、さしあたり、2点指摘できるであろう。第一に、日本語・適応指導の難しさがある。おそらく、多くの自治体では、経験もなく、準備する時間的な余裕もないなかで、増大する外国人児童生徒の対応に苦慮してきた。日本語のレベルが様々な複数の子どもが一度に入学してきた場合や日本語がほとんど話せない子どもが1人でも入学してきた場合（当然いずれの子どもたちも日本の学校生活のルールを全く知らない）を思い描いてみるだけで、学校が様々な場面で大変な対応を迫られるだろうと想像できる。そして、担当教員の大半は、日本語指導のための専門的教育を受けた経験がなく、ポルトガル語やスペイン語等の子どもたちの母語に精通しているわけでもない。

　第二に、子どもたちの将来が不透明という問題がある。ニューカマーは全体的に長期滞在化傾向を強めていると言われているが、日本に定住するのか、将来帰国するのか、決めていない人々も相当数に上ると思われる。この点は、オールドカマーや中国帰国者と大きく異なる点である。ニューカマーの子どもたちは、親の意志がはっきりしないなかで、不安定な状況に置かれる。「今後必ずしも日本に住み続けるとは限らない」という先行きの不透明さは、外国人児童生徒教育のあり方に対して複雑な問題を投げかけている。

　外国人児童生徒教育の内容に関する根本的な問題は、教育行政が教育の内容や方法を明確化していないことにある。全国的に、「日本語指導が必要」と判断する基準も明確化されているわけではない。栃木県教育委員会の要項には、「拠点校は、受け入れた外国人児童生徒を、本人の学齢・学力等の

実情に応じて適切な対応を図る」と記載されているが、「適切な対応」について具体的な内容や方法は提示されていない。拠点校（担当教員）が研修を受ける機会もわずかしかない。このような状況の中で、現場の担当教員が基本的には一人一人の判断で工夫を凝らしながら、指導を行うことが余儀なくされる。

　学校関係者の理解や学校現場の雰囲気といった問題もある。外国人児童生徒が増大してきたといっても、全児童生徒数に占める割合は、小中校ともに1%に満たず、数としては圧倒的にマイノリティである。外国人児童生徒に就学義務が課せられていないという現状も一般教員の意識に一定の影響を与えよう。全体的に外国人児童生徒の教育問題に対する学校関係者の関心は高くなく、拠点校においても外国人児童生徒教育は周辺的な問題との位置づけが一般的であるように思われる。この点で、学校長の考え方や理解は、ある意味、外国人児童生徒教育の現場に決定的な影響を及ぼすと言えるだろう。やや印象的な表現になってしまうが、外国人児童生徒担当教員の置かれている状況は、「孤軍奮闘」がもっとも当てはまる。

(3) 教員の不安定な環境と意識
3-1 環境
　ここでは、栃木県内のすべての公立小中学校を対象にして行った「外国人児童生徒在籍校調査」[注4]の結果を下にして、外国人児童生徒指導のために加配された拠点校教員（以下、担当教員）が置かれている環境とかれらの意識を整理・検討する。

　担当教員になるということは、他の教員の異動とは異なり、仕事の内容が

(注4)「在籍校調査」（実施時期は2008年11月〜12月）は、外国人児童生徒が在籍する県内すべての公立小中学校の教員を対象として行った。質問項目は、外国人児童生徒教育の実態に関するものと外国人児童生徒教育に対する教員の意識や意見（30項目）に大別される。950人の教員（加配された拠点校教員は34人）から回答が寄せられた。調査結果は、『栃木県外国人児童生徒在籍校調査　報告・資料集』（2009年3月）としてまとめた。

それまでの知識や経験を生かすことが困難な全く異なる分野に入ることを意味する。「外国人児童生徒教育」という教員免許はく、担当教員は、日本語教育に関する専門家的な能力を持つがゆえに担当者になるわけではない。34人の担当教員の専門教科は、英語が一番多く27.9％（有効回答のなかのパーセンテージ、以下同様）、理科（18.2％）、国語と技術家庭（9.1％）と続く。専門家不在のなかで、通常は、校長の判断で担当教員が決定されるのである。また、日本語指導が必要な児童生徒の教育には、児童生徒の母語の習得が重要だとの指摘は少なくない。学術的な観点からは、母語でのコミュニケーションは、児童生徒の学習言語能力の上達や教科学習に効果的だという指摘がある。実践上の経験からは、ある教員は、かれが話すことが出来る言語を母語とする児童生徒に対する指導とそうでない児童生徒に対する指導を振り返った場合、日本語指導の効果に明らかな差があったことを認めている。児童生徒の保護者の多くが日本語でのコミュニケーション能力があまりない状況を考慮すると、情報伝達のレベルから児童生徒および保護者との信頼関係構築までの様々なレベルで、母語の習得が果たす役割は大きなものがあろう。

　しかし、当然のことながら、母語の習得は容易ではない。この調査では、「外国人児童生徒の母語についての知識をどの程度お持ちですか」と聞いている。34人の回答は、「ひとつの言語について会話が出来る」（6.1％）、「ひとつの言語について読み書きが出来る」（3.0％）、「ひとつの言語について会話も読み書きも出来る」（3.0％）、「複数の言語について会話が出来る」（6.1％）、「複数の言語について読み書きが出来る」（3.0％）、「複数の言語について会話も読み書きも出来る」（12.1％）、「単語はほんの少し知っている」（57.6％）、「全く出来ない」（6.1％）であった。他の教員の回答との比較では、母語に対する理解は幾分大きいが、それでも「単語はほんの少し知っている」が圧倒的に多く、担当教員のなかで児童生徒教育に効果的な母語習得のレベルに達している人はほんの一部と思われる。

日本語指導の専門的な能力を持ち合わせておらず、また母語の知識がなければ指導上の様々な困難が予想されるなかで、担当教員は現場で外国人児童生徒と向き合う。この状況を前提として踏まえれば、教育効果の向上のために、日本語指導法や母語を学ぶための実践や研修の機会を整備することが重要であろう。栃木県教育委員会の取り組みのなかに、1991年度から現職教員の研修を目的として行ってきた「内地留学制度」（半年間学校現場を離れて研修に専念する制度）がある。この制度の中にポルトガル語・スペイン語・中国語の研修があり、これらは外国人児童生徒教育を担う人材育成が目的とされる。2000年度以降毎年平均して6～7名の教員がスペイン語とポルトガル語の研修を受けてきた。しかし、半年間では語学の知識が少ししか身につかないこと、内地留学を経験した教員が必ずしも担当教員になるわけではないことなど、この制度の効果を疑問視する声がある。

　担当教員が直面するもう一つの課題は、担当教員としてキャリアを積むための時間に関する。今回の調査で、過去に担当教員を経験した教員が30人いた。その30人の担当期間を示すと、1年未満6人(20.0%)、1年以上3年未満12人(40.0%)、3年以上5年未満4人(13.3%)、5年以上10年未満8人(26.7%)である。全体の6割が3年未満であることが目を引く。また、2割は1年で交代している。ある地域の日本語指導員によると、2～3年程度では日本語指導についてのキャリアはとても蓄積されないという。定期異動によって、担当教員はそのキャリアを蓄積せずに新しい担当者と交代していくという構造が見える。

　参考までに、現在の担当教員34人の担当期間を示すと、1年未満7人(20.6%)、1年以上3年未満11人(32.4%)、3年以上5年未満5人(14.7%)、5年以上10年未満9人(26.5%)、10年以上2人(5.9)％となっている。半数を少し超える18人が3年未満である。5年以上の経験豊富といっても良いと思われる教員は11人で、全体の3割程度となっている。

3-2　意識

「孤軍奮闘」の環境や指導上の厳しい困難が想定されていたこともあり、担当教員の意識に関しては、負担が大きいことや、外国人児童生徒教育に関わる意欲は高くないのではないかと予想されたが、意欲に関しては予想と大きく異なる結果が出た。

　拠点校における担当教員とそれ以外の立場の教員（小学校の場合、クラス担任とそれ以外の教員、中学校の場合、クラス担任と教科担任）の意識の差を「学習や指導体制」に関する9項目、「就学意欲や精神面」に関する5項目、「クラスへの影響」に関する4項目、「教師自身への影響」に関する3項目の計21項目についてみて、その評価の平均値を出し、平均評価に有意差があるかどうかを確認した。その結果、有意差が認められたのは、①「日本語での会話能力と教科学習を理解する能力は、基本的に別である」、②「日本人児童生徒の中にも学習が困難な子どもがいるので、外国人児童生徒に特別な指導は必要ない」、③「外国人児童生徒教育に関わる時間や人員をもっと増やすべきだ」、④「帰国するのか定住するのか明確でないと、子どもの就学や学習の意欲へマイナスの影響を及ぼす」、⑤「精神面において外国人児童生徒は日本人生徒と比べて不安定である」、⑥「外国人児童生徒の就学によって自分自身の視野が広がった」、⑦「外国人児童生徒の教育に興味があり、今後も関わっていきたい」の7項目であった。特に、「外国人児童生徒の教育に興味があり、今後も関わっていきたい」との項目については、担当教員の大半が今後も関わりたいという強い意欲を示し、他の教員との差が顕著に出た。

　以上の有意差が認められた7項目の回答結果をつなげて考えてみると、まず、担当教員は、外国人児童生徒の「会話能力と教科学習を理解する能力は別であること」を認識し、「精神的不安定さ」と「将来帰国するのか定住するのか不透明な現状が子どもの学習意欲へマイナスの影響を及ぼす」ことに敏感である。それゆえに、担当教員は、特別指導の必要性や外国人児童

生徒教育に関わる人員や時間の増大を強く求めている。一方で、担当教員は、外国人児童生徒教育に関わることで、自身の視野が広がったと感じている。外国人児童生徒の現状に対する心配と「視野の広がり」は、今後の関わりへの高い意欲を支えていると考えられる。

おわりに

　過去20年、日本では、南米系出稼ぎ労働者の流入に伴い、外国人児童生徒が増加した。それ以降、日本は、異なる文化的背景を持ち、将来必ずしも日本に住むとは限らない外国人の子どもたちにどのような教育を提供するべきなのか、という難しい課題に直面してきた。現在は、定住化する外国人児童生徒にどのように向き合うかという課題が重なっている。本章では、外国人児童生徒と担当教員を取り巻く教育環境に関する基礎的な事実と問題点を整理した。

　政府は外国人児童生徒が日本人児童生徒と同一の教育を受ける機会を保障し、必要に応じて教員を加配する制度を設けてきたが、個別・具体的な対応は実質上都道府県や市町村に任せてきた。この政府の姿勢には、日本が正式に受け入れているわけではない外国人労働者の子どもに対して、政府が真摯に向き合う必要はないという論理が根底で働いてきたと言えるのではないかと思える。都道府県レベルでも、外国人児童生徒に対する教育方法の具体的な方法や内容が十分発信されてきたとは言えない。学校現場での実情としては、全児童生徒からみると極めて少数である外国人児童生徒の教育を、全校的な教育課題の1つとして、教員間で問題意識の共有化を図ることは容易ではないであろう。また、日本語指導、適応指導、教科指導の面で

(注5) 2014年4月から、日本語指導が必要な帰国・外国人児童生徒の在籍学級以外の教室で行われる指導について特別の教育課程（正規の授業）を編成・実施することができるように制度が整備されることとなった（「教育法施行規則の一部を改正する省令等の施行について（通知）」2014年1月14日公布、25文科初第928号）。

外国人児童生徒は特別な指導を必要としているとの問題意識が共有されている場合でも、他の教育活動とのバランスという点で、外国人児童生徒の教育に必要とされる人的・物的資源を校内で十分に確保することも容易ではない。この結果、外国人児童生徒の教育は、専門的な能力や経験を有しない特定の一部の教員に任される事態が生じやすくなる。また、行政や学校現場では、外国人児童生徒教育に高い意欲を示す担当教員の力を生かすべく支援してきたのか、疑問が残る。

　2008年に『外国人児童生徒教育の充実方策について』が出され、2014年度からは日本語指導が必要な児童生徒に対する日本語指導が正式な授業に位置づけられるなど(注5)、外国人児童生徒教育の充実を図る動きが加速化している。実効性のある教育改善を行うには、「日本人と同一の教育を保障する」ことの意味、教員を加配する「特別な制度」の効果、外国人児童生徒教育に従事する教員の働く環境の課題などを多面的に検証し、見直しを図っていくことが問われよう。

参考文献

・遠藤歩「栃木県内における外国人児童生徒の就学状況」宇都宮大学『栃木県における外国人児童生徒教育の明日を考える』第1章、2008年。
・大谷佳子「栃木県内における外国人児童生徒の不就学」宇都宮大学『栃木県における外国人児童生徒教育の明日を考える』第2章、2008年。
・小野元之「在日韓国人など日本国籍を持たない者の公立学校教員への採用について」『教育委員会月報』1991年3月号。
・鎌田美千子「栃木県における外国人児童生徒をめぐる教育環境」『外国人児童生徒の教育環境をめぐる問題－栃木県内の現状と課題－』平成16・17年度宇都宮大学重点推進研究報告書、研究代表者田巻松雄、2006年3月。
・駒井洋「外国人問題の現状と課題」(基調講演)『外国人児童生徒の教育環境をめぐる問題－栃木県内の現状と課題－』平成16・17年度宇都宮大学重点推進研究報告書資料編、研究代表者田巻松雄、2006年3月。
・髙橋節子「栃木県における日本語教室の現状－日本語教室担当者へのアンケート・聞き取りを通して－」『白鷗大学論集』第20巻第2号、2005年
・野元弘幸「外国人の子どもたちの排除の構造と対抗的教育実践の原理－日系ブラジル人の子ど

もたちとブラジル人学校を中心に−」日本社会教育学会編『社会的排除と社会教育』2006 年。
・佐久間孝正『外国人の子どもの不就学』勁草書房、2006 年
・田巻松雄「外国人児童生徒の保護者の意識」『外国人児童生徒の教育環境をめぐる問題−栃木県内の現状と課題−』平成 16・17 年度宇都宮大学重点推進研究報告書、研究代表者田巻松雄、2006 年 3 月。
・田巻松雄・坂本文子「栃木県における外国人児童生徒の教育環境−ブラジル・ペルー人保護者の意識と態度」『国際学部研究論集』2006 年 10 月
・座談会「外国人児童生徒の教育に携わってきて」（苅部絵美、斉藤美知代、佐藤和之、原田真理子、若林秀樹、小原一馬、田巻松雄）『外国人児童生徒の教育環境をめぐる問題』平成 18・19 年度宇都宮大学重点推進研究中間報告書、研究代表者田巻松雄、2007 年 11 月
・宮島喬「就学とその挫折における文化資本と動機づけの問題」宮島喬・加納弘勝編『国際社会②変容する日本社会と文化』東京大学出版会、2002 年
・宮島喬『共に生きられる日本へ−外国人施策とその課題』有斐閣選書、2003 年
・矢部昭仁「外国人の高校進学」宇都宮大学『栃木県における外国人児童生徒教育の明日を考える』第 3 章、2008 年

第4章　外国人生徒の進学状況

はじめに

　2012年11月11日付けの毎日新聞で、外国人生徒の高校進学率が報じられている。それによると、「外国人集住都市会議」に参加する全国市町の公立中学校の外国人生徒卒業生1010人（2012年3月卒業生）の高校進学率は78.9％であった。ここでいう外国人生徒には、日本語を母語としない日本国籍を持つ者も含まれる。高校進学率の内訳は、全日制52.8％、定時制22％、通信制2.6％、日本語教育課程など「その他」1.5％である。また、卒業生の日本語能力別にみた進学率として、「日本語の通常授業が理解可能な生徒」92.1％、「学習用語が分からない生徒」67.5％、「日常会話ができない生徒」58.1％という数値が挙げられている。ある意味当然のことと言えるが、日本語能力の高低と進学率が比例関係にあることが確認される。

　78.9％という高校進学率は、全国の中学卒業生の高校進学率98.3％に比べて、約20％低い数値である。「外国人集住都市会議」に参加する市町は外国人の比率が高い自治体であり、外国人支援においては全体的に先進的な取り組みをしてきた地域と言えよう。従って、外国人生徒の全国的な高校進学率は78.9％を下回ると推測されるが、その実態は不明な点が多い。また、新聞報道では、学習用語が分からない生徒や日常会話ができない生徒も6割前後高校進学を果たしていることが伝えられているが、そもそもこのような生徒がなぜ受検に合格し高校進学を果たしたのか、また、高校に入学後に勉強についていけるのかという疑問が浮かぶ。

　外国人生徒にとって日本での高校進学は全国的にすでに就職や帰国を上回る進路となっていると思われるが、かれらの進学を希望する割合は日本人生徒に比べればまだ低いであろう。この背景には、日本に定住するのか将来

帰国するのかという点が不透明な生活状況、日本の教育制度や高校受験（以下、公立高校に限定した記述では「受検」、その他は「受験」と表記）に関する情報不足、子どもの教育に対する保護者の考え方、保護者の経済的問題などが関係しよう。一方、高校進学を希望しても入学が容易ではないことに最も大きく関係するのは、外国人生徒の日本語能力である。「日本語指導が必要な外国人児童生徒の受け入れ状況に関する調査」（文科省）の最新のデータ（2012年5月1日現在）によると、公立の学校に在籍する外国人児童生徒71,545人のうち約4割に当たる27,013人が日本語指導を必要としている。日本語指導が必要な児童生徒とは、「日本語で日常会話が十分にできない児童生徒」及び「日常会話ができても、学年相当の学習言語が不足し、学習活動への参加に支障が生じており、日本語指導が必要な児童生徒」をさす。

　上記の記事でも指摘されているが、外国人生徒の高校進学率には地域格差の問題が絡む。例えば、全日制に比べれば比較的入学しやすいと思われる定時制高校がどのくらいあるのかという問題がある。また、外国人生徒の高校受検のための特別枠や特別措置の制度を有している都道府県と有していない都道府県との格差があり、有していてもその内容は都道府県で大きく異なっている現状がある。さらに、都道府県単位での高校進学率は大半の都道府県で明らかにされてないため、特別枠と特別措置が高校進学に対してどの程度の効果を生んでいるのかについても、非常に不透明な現状がある。

　筆者は、過去3回、栃木県全域の公立中学校の外国人生徒卒業生の進路状況調査を行った[注1]。本論は、まず、外国人生徒の高校受験資格と外国人生徒のための特別枠・特別措置の制度的な特徴を整理し、次に栃木県での調査結果を基にして、外国人生徒の高校進学の全体的な状況を見た上で、主に日本語指導の有無別および母語別の進路状況を明らかにするとともに、特別措置の利用状況と効果を検証する。

　外国人生徒の高校進学に関する研究はまだ少ないが、南米系生徒の高校

進学率が相対的に低いという事実が指摘されている。栃木県は南米系児童生徒の割合が非常に高い県であり、主に南米系生徒を中心に外国人生徒の高校進学問題を検討するうえで、注目する意味は大きいと考えられる。また、本調査のように、外国人の集住地域も分散地域もカバーして県単位で外国人生徒の高校進学問題を検討する試みは全国的に見てあまり例はない。

　2012年5月1日現在の日本語指導が必要な外国人児童生徒27,013人の都道府県別状況をみておくと、最も多い愛知県で5,878人、最も少ない県が6人で、全国平均では576.6人である。栃木県内の公立学校に在籍する日本語指導が必要な外国人児童生徒数は、小学校430人、中学校127人、高校16人、特別支援学校2人の計575人で、全国平均に近い。日本語指導が必要な児童生徒の全国の母語別状況では、ポルトガル語32.8％、中国語20.4％、フィリピノ語（タガログ語）16.6％、スペイン語12.9％が上位4位を占めるが、栃木県では、ポルトガル語30.0％、スペイン語38.3％、フィリピノ語（タガログ語）11.4％、中国語0.7％が上位4位で、南米系ニューカマーが約7割を占めて突出していることが大きな特徴である。栃木県における日本語指導が必要な外国人児童生徒が外国人児童生徒総数に占める割合は、2010年5月現在で42.2％(598人／1416人)、2011年9月1日現在で41.3％(567

（注1）2008年当時、栃木県内の外国人生徒の中学卒業後の進路状況は不明で、高校進学率については、高校と中学に在籍している外国人生徒の総数（学年別の数は公表されていない）を比較して推測する以外にない状況にあった。このような状況のなかで、2008年に外国人児童生徒が在籍する県内すべての小中学校の教員を対象にして行った調査で、外国人生徒の中学卒業後の進路の把握を試みた。この「在籍校」調査（実施時期は2008年11月～12月）では、外国人児童生徒教育の実態に関するものと外国人児童生徒教育に対する教員の意識や意見を幅広く聞いたが、中学校を対象にした質問紙に「貴校の過去3年間の外国人生徒卒業生の進路状況を教えてください」という設問を入れた。87校の中学校から回答があったが、残念ながら、この進路に関する設問に対して11校は無回答であった。この11校には約90人の外国人生徒が在籍していた。おそらく、外国人生徒の進路状況を学校全体では把握しておらず、一教員が答えるには難しい状況があったと思われる。また、3年間の進路状況を聞くという設問にやや無理があったとも思える。この結果として、外国人生徒の卒業者の半数近くの進路先が不明という結果になった。この結果を踏まえ、外国人生徒の中学卒業後の進路に焦点を当てた調査を計画し、2011年から2013年にかけて3回実施した。

人／1372人）で、これも全国平均値に近い数値となっている。

第1節　外国人生徒の高校受験資格

　学齢期に当たる外国人生徒の就学状況は、日本の中学校に在籍するもの、外国人学校(注2)に在籍するもの、どちらの学校にも在籍しない不就学の状態にあるものの3つに大別される。現在の学校教育法によれば、高校を受験し入学できるものは、「日本の中学校若しくはこれに準ずる学校を卒業した者」と「日本の中学校を卒業した者と同等以上の学力があると認められた者」である。

　外国人生徒が日本の中学校を卒業する場合、高校受験資格には何の問題もない。基本的には、一般の学力試験か、特別枠あるいは特別措置で受験することになる。外国人学校に在籍している生徒の場合はどうか。

　文科省は、外国人学校に在籍する外国人生徒の高校受験資格について、以下の見解を取っている。「日本にある外国人学校中等部は中学校ではないため、これを卒業したことをもって、高等学校入学資格を有するものではない。しかしながら、中学校卒業程度認定試験を受験し合格した上で、高等学校の入学者選抜試験を受験することができる。なお、当該生徒の保護者が日本国籍を有しない場合には、そもそも、その保護者に就学義務は課されていないため、校長の判断により、各高等学校において、中学校卒業者と同

（注2）外国人学校とは、主に外国籍の子どもを対象に独自のキャリキュラムを編んで運営している学校である。外国人学校は多種多様だが、日本の学校教育法上、「1条校」（正規の学校）として認められておらず、現行の制度では各種学校認可しか取得することが出来ない。「1条校」では、文部科学省学習指導要領に沿ったカリキュラムで検定教科書を使用し日本の教員資格取得者が教えることが条件となる。2006年時点で、全国の公立学校に通う外国人児童生徒が約7万人だったのに対し、外国人学校に通う外国人児童生徒は約3万人を数えていた。2006年時点で、日本には、歴史的伝統のある中華学校、戦後設立された朝鮮人学校、欧米系のインターナショナルスクール、平成期に入って急増したブラジル人学校など、200を超える外国人学校があった（月刊『イオ』編集部『日本の中の外国人学校』明石書店、2006年）。

等以上の学力があると認められた者についても、当該高等学校の入学者選抜試験を受験することができる」（学校教育法施行規則第 95 条第 5 号）。つまり、外国人学校は日本政府によって正規な学校（1 条校）とは認められていないため、外国人学校の中等部を卒業しても高校受験資格が制度的に得られるわけではない。日本の中学校を卒業しない外国人生徒の場合、中学校卒業程度認定試験を受験し合格するか、高等学校長の認可が高校受検の要件となる。日本の中学校を卒業しなくても高校受験の道は残されているが、制度的なものではない。

　中学校卒業程度認定試験とは、「学校教育法第十八条の規定により、病気などやむを得ない事由によって保護者が義務教育諸学校に就学させる義務を猶予又は免除された子に対して、中学校卒業程度の学力があるかどうかを認定するために国が行う試験」であり、正式には、「義務教育猶予免除者等の中学校卒業程度認定試験」という。1967 年から開始されたが、1999 年度の改正により、受験資格に「日本の国籍がない者」が追加され、外国人生徒の受験が認められるようになった。1999 年度から 2008 年度までの全国の受験者数は 39 〜 86 人で推移してきた。外国人生徒の受験者は、1999 年度 15 人（26.3％）であったが、2008 年度には 44 人（58.7％）へと増加している。2008 年度外国人生徒受験者の国籍別内訳は、韓国 19、ブラジル 9、朝鮮 8、中国 4、フィリピン 2、タイ 1、ペルー 1 であった（上原、2010）。

　外国人学校は、朝鮮学校、中華学校、ブラジル学校など多種多様であり、歴史や理念、そして在籍者がどの程度日本の高校を受験するかにおいて、状況は大きく異なっている。南米系学校について言えば、全国的に、中等部を卒業した者が日本の高校に進学するケースはほとんど無いと思われる。

第 2 節　特別枠と特別措置

（1）全国的な動向

　公立高校入試の実施・内容に関する権限は都道府県にある。外国人生徒を対象にした特別な受検制度は、特別枠と特別措置に大別される。特別枠とは、特定の高校で一般の生徒とは別に定員が設けられた上で、科目の軽減や面接などが行われる。特別措置とは、一般入試の定員内で、科目の軽減、時間延長、漢字のルビうちなどが行われることをさす。全国的に、海外帰国子女や中国帰国生徒への対応として整備された入試制度が、各都道府県の判断によって、ニューカマーの生徒にも拡大適用されてきたと捉えられる。

　1972 年の日中国交正常化により、中国の主に東北地方、すなわち旧満州地方からの残留日本人の帰国が開始された。この中国帰国者の子どもないし孫で就学年齢にあたるのが中国帰国生徒であるが、かれらは長年の中国生活で実質上「外国人」となっており、受け入れた学校は日本語指導などの対応を迫られることになった。1976 年には、文部省が「中国引き揚げ子女」全国実態調査を初めて実施している。

　中国帰国生徒の教育問題が浮上した時期は、海外勤務者の帰国子女に対する教育問題も顕在化し始めた時期であった。帰国子女の増加に伴い、1984 年 7 月、高校における入学者選抜に対する配慮等の促進が初めて各都道府県に通達された。1986 年、東京都で初めて「引き揚げ生徒を対象とする海外帰国学級」という名称で、中国帰国生徒を対象に高校の入学特別枠が設けられた。1988 年には帰国子女の編入学に対して、試験の実施回数の増加や特定定員枠の設定が各都道府県に対して求められた。

　ニューカマーの高校進学を特別枠や特別措置に引き付けて議論する研究は未だ少ないが、そのなかに、ニューカマーの子どもの高校進学率が高い地域を対象にした志水・清水らによる研究がある（志水・清水 2008）。かれらの研究の内容を 2 点整理しておくと、まず、日本語指導が必要な外国

人児童生徒数の多い地域（愛知県、神奈川県、静岡県、東京都、大阪府）の入試制度が概観され、「ニューカマー生徒が高校に進学しやすい制度」の条件として、①受け皿(特別枠)の絶対数が多いこと、②受検資格の制限(特に来日年数の制限) が緩やかなこと、③試験の内容に関して母語を使用できるか否か、の３つが挙げられている。次に、首都圏や東海地方に比べれば決してニューカマー外国人生徒が多くはない大阪が、全国で最も高い高校進学率（84.5%）を達成し、ニューカマー高校生の受け入れについて最も先進的な入試制度を整備するに至った経緯が、在日朝鮮人教育の土壌、中国帰国生を多数受け入れてきた実績、大阪府立高校の再編整備等の視点から語られる。大阪における高い進学率は、受検生のなかで中国人生徒が高い割合を占めることとも関係しよう。2010年５月１日時点では、日本語指導を必要とする児童生徒 1,823 人のうち、中国語を母語とする児童生徒は 1,156 人で 63.4%を占め、この割合は全国で一番高い。これに対し、ポルトガル語とスペイン語を母語とする児童生徒は 169 人で 9.3%を占めるに過ぎない。

　志水らが大阪府における外国人生徒の進学率の高さについて、特に注目するのは「特別枠」の存在である。特別枠は、進学率を上げる大きな要因となっていると同時に、教育環境の整備にも大きく関わっているという。すなわち、特別枠を持つ高校は、「渡日生徒に関する指針」等の教育指針を学校独自で持っており、受検の入り口の面での配慮だけでなく、入学後の教育に日本語指導や母語指導等の先進的な取り組みが見られるという。

　外国人生徒のための特別枠と特別措置の全国的な動向については、各都道府県の入試要項・細則を資料として、別に検討したので参照されたい（田巻、2012）。その結果、特別枠と特別措置いずれでも「来日３年以内」を受検要件とする都道府県が一番多いこと、その他の面で特別枠・特別措置の中身は都道府県ごとに大きく異なっていることが確認されている。

　全国都道府県の特別枠・特別措置のより詳細な実態については、小島

（2012）の調査結果が参考になる。小島は47都道府県教育委員会および13政令都市教育委員会の計60教育委員会を対象にして、2012年度入学者にかかわる①外国人生徒を対象にした入学者選抜（特別枠のこと）の有無とその内容、②外国人生徒を対象にした入学特別措置の有無とその内容について調査した(注3)。50教育委員会から得た回答では、特別枠は全日制で「有る」15、「一部有り」1、「無い」34、定時制で「有る」9、「一部有り」1、「無い」37、非該当3、通信制では、「有る」2、「一部有り」ゼロ、「無い」37、非該当11という結果であった。また、特別措置に関しては、全日制で「有る」29、「一部有り」1、「無い」20、定時制で「有る」27、「一部有り」2、「無い」18、非該当3、通信制では「有る」9、「一部有り」1、「無い」28、非該当11、「回答なし」1の結果であった。特別措置を有する地域は全体の半数を超えるが、特別枠を有する地域は全体の3割に留まっている。

(2) 栃木県の特別措置

栃木県では、特別枠はなく、特別措置が実施されている。栃木県の入試細則に「海外帰国者・外国人等の受検に関する特別措置」が記載されており、特別措置の志願資格について、「外国人等については入国後3年以内の場合は、その事情によっては、高等学校長の判断によって志願資格を設定することができる」と規定されている。2009年度までは、「海外帰国子女等による受検に関する特別措置」と位置づけられ、「外国人」の名称は2010年度から使われるようになった。特別設置の経緯について栃木県教育委員会（以下、県教委）に質問したが、「文科省の通知に基づき対応を行ってきたはずであるが、詳細については分からない」とのことであった。

特別措置は「特別選抜検査」（以下、A検査）と「特別措置による学力検査」

（注3）小島の調査では、全国の教育委員会に対して、「日本の中学校に相当する外国人学校中等部卒業者にかかわる日本の公立高校入学者選抜出願資格の扱いについて」、「外国人登録のない生徒の就学希望について」、「外国人生徒の就学状況について」、「外国人生徒の教育体制について」の4項目についても聞いている。

（以下、B検査）に分かれており、A検査は、学力検査はなく面接のみ行われ、高等学校長の判断によっては学力検査及び作文を行うことができる。B検査は、国語・数学・英語の3教科の学力試験に加え面接と作文を行う。なお、学力検査は問題、時間ともに一般学力検査と同一で、A検査不合格者は、A検査実施より後に行われるB検査による試験を受検することも可能である。このような2段階の特別措置は全国的に稀である。

　A検査については、受検人員・合格内定人員が公開されているが、公開されているのは海外帰国生徒と外国人生徒の合計の数値である。A検査を受検する際に提出する申請書では、志願者の区分が「ア　現地校（卒業生・在学）」、「イ　外国人等」、「ウ　在外教育施設（日本人学校）（卒業・在学）」に分けられているが、志願者別の統計は県教委では取っていないとのことであった。B検査については、受検人員・合格内定人員ともに公開されていない。県教委によると、その理由としては、B検査は一般入試と同じ判定会議であるため、一般入試の人員と分けて外国人生徒のみの受検人員・合格内定人員数を出すことは出来ないとのことであった。このように、外国人生徒の特別措置利用状況は不透明である。

第3節　栃木県における外国人生徒進路調査結果

(1) 調査の概要

　外国人生徒の特別措置利用を含めた高校進学の実態が明らかにされていないことをうけ、筆者を代表者とする研究グループは、栃木県における外国人生徒の進路調査を3回行った。調査対象は栃木県内全ての公立中学校に在籍する第3学年在籍生徒のうち、外国籍生徒および日本国籍でも3年次に「日本語指導が必要な生徒」として把握されていた生徒（つまり日本語を母語としない生徒）である(注4)。回答は、卒業する外国人生徒の担任あるいは当該学年担当の先生に記入してもらう方法を取った。調査票は、県内市

町教育委員会に郵送し、教育委員会から管轄の中学校へ配布してもらった。その後、教育委員会が回収した調査票を大学まで郵送してもらった。

1回目の調査は、2011年3月卒業生を対象に行った（以下、2011年度調査）。この調査では、161校に調査票を送付し、「該当者あり」として調査票を送付してきた学校が56校、「該当者なし」と連絡してきた学校が56校で、49の学校からは返信がなかった。この結果、141人の卒業生に関するデータが得られた。

2回目の調査は、2012年3月卒業生を対象に行った（2012年度調査）。この調査では、165校に調査票を送付し、「該当者あり」として調査票を送付してきた学校が51校、「該当者なし」と連絡してきた学校が65校で、49の学校からは返信がなかった。この結果、128人の卒業生に関するデータが得られた。

3回目の調査は、2013年3月卒業生を対象に行った（2013年度調査）。この調査では、163校に調査票を送付し、「該当者あり」として調査票を送付してきた学校が46校、「該当者なし」と連絡してきた学校が78校で、39の学校からは返信がなかった。この結果、123人の卒業生のデータが得られた[注5]。

（注4）日本国籍を有するが日本語指導が必要な児童生徒数は、近年増加傾向にある。2012年5月1日現在、その数は6,171人である。2010年度に比べて、日本語指導を必要とする外国人児童生徒数は1,498人（5.3％）減少したのに対し、日本国籍を有する日本語指導を必要とする児童生徒数は675人（12.3％）増加している。佐久間が「教育現場での外国籍児童・生徒とは、日本国籍の有無に関わり無く、人間として最初に使用した言語が、日本語以外の外国人児童・生徒としたほうが正確」（佐久間、2006、22頁）と主張するように、教育現場や高校受験で問われるのは、外国籍であることよりも、むしろ日本語を母語としないという点である。

（注5）2011年3月時点で栃木県内の公立中学校数は165（県立2校、分校2校含む）であり、2011年度調査では、県立・分校を除く本校161校に調査票を送った。2012年度および2013年度調査では、県立・分校にも調査票を送ったため、調査票送付先の学校数が異なっている。また、フィリピン人の母語については、調査年度によって「タガログ語」、「フィリピン語」と表記が異なっていたが、本文では、「フィリピノ語」（タガログ語）に統一している。

(2) 回答者の属性

2011年度調査での有効回答数は141人であった。県教委調べで、2010年5月1日現在の栃木県における外国人中学校生徒は472人であった（この数値は外国籍の生徒をさす）。学年別の人数は公表されていないため、472人を3で割り、2011年3月卒業生を157人と推測すると、有効回答数は母数の約9割に相当する。以下、卒業生の属性を示すが、どの質問項目でも無回答があったため、項目別の合計者数は回答者全数とは一致しない。(2012年度、2013年度調査結果も同様)。

141人の性別は、男性71人、女性69人であった。母語別状況では、ポルトガル語36人 (25.5%)、スペイン語34人 (24.1%)、中国語25人 (17.7%)、日本語17人 (12.1%)、フィリピノ語（タガログ語）13人 (9.2%) の順であった。国籍別状況は、ブラジル42人 (29.8%)、ペルー33人 (23.4%)、中国21人 (14.9%)、フィリピン18人 (12.8%) の順で、日本国籍は3人いた。ポルトガル語を母語とする36人のうち、34人がブラジル国籍で、他の2人は日本国籍とコロンビア国籍である。スペイン語を母語とする34人のうち、30人がペルー国籍で、4人がボリビア国籍である。中国語を母語とする25人のうち中国籍が21人、台湾籍が3人、日本国籍が1人である。日本語を母語とする17人については、8人がブラジル国籍で一番多く、その他はペルー（3人）、フィリピン（2人）、以下、中国、韓国、タイ、ロシアが1人ずつである。フィリピノ語（タガログ語）を母語とする13人はすべてフィリピン国籍であった。

141人のうち、日本語指導が必要な生徒数は42人 (29.8%) で、必要とされない生徒数は93人 (66.0%) であった。県教委の発表では、2010年5月1日現在、日本語指導を要する外国人中学校生徒数は127名で、同様に3で割ると、3年次に日本語指導を必要としていた生徒は42人となる。本調査の対象者は日本国籍でも日本語を母語としない者を含むのに対して、県教委の発表する数値は外国籍生徒に限られるが、日本語指導が必要な生徒数はともに42人で同数となった。

栃木県には、外国人児童生徒を支援する制度として、外国人児童生徒教育拠点校（通称拠点校）が設置されている（2013年度現在、小中学校合わせて40校）。日本語指導を必要とする外国人児童生徒が比較的多い（多くの場合5人以上）学校は拠点校と指定され、外国人児童生徒担当教員が加配され、日本語教室が設置される。この調査では、73人（51.8%）が拠点校に在籍し、65人（46.1%）が非拠点校に在籍していた。

　来日年齢別状況は、日本生まれを意味する「0歳」が32人、「1-5歳」16人、「6-9歳」19人、「10-12歳」20人、「13歳以上」23人、無回答31人であった。年齢が記載されていた110人を母数として各年齢の比率をみると、「0歳」29.1%、「1-5歳」14.6%、「6-9歳」17.3%、「10-12歳」18.2%、「13歳以上」20.9%となる。日本生まれが一番多く、13歳以上がそれに次ぐ結果であるが、外国人生徒の滞在の長期化と定住傾向が伝わる。

　2012年度調査での有効回答数は128人であった。県教委調べで、2011年9月1日現在の外国人生徒の学年別人数が分かる。それによると、外国人生徒数は459人で、学年別内訳は、中学1年134人名、2年157人、3年168人であった。2012年3月の外国人生徒卒業生を168人とすると、有効回答数は母数の約75%に相当する。日本語指導を必要とする中学生は117名で、3年次に日本語指導を必要としていた生徒は39人と推測される。

　128人の卒業生の性別は、男性66人、女性58人であった。母語別状況では、日本語37人（28.9%）、スペイン語25人（19.5%）、ポルトガル語21人（16.4%）、中国語12人（9.4%）の順であった。国籍別状況は、ペルー39人（30.5%）、ブラジル31人（24.2%）、フィリピン13人（10.1%）、中国11人（8.6%）の順で、日本国籍は5人いた。日本語を母語とする37人の主な国籍は、ペルー11人、ブラジル9人、フィリピン5人、韓国4人であった。スペイン語を母語とする25人のうち、23人がペルー国籍で、1人が日本国籍、1人が二重国籍である。ポルトガル語を母語とする21人のうち20人がブラジル国籍で、1人が日本国籍である。中国語を母語とする12人のうち、10人が中国国籍、

2人が台湾国籍であった。128人のうち、日本語指導が必要な生徒数は27人（21.1%）、必要とされない生徒数は97人（75.8%）であり、拠点校在籍者は46人（35.9%）、非拠点在籍者は66人（51.6%）であった。

来日年齢別状況は、日本生まれを意味する「0歳」が40人、「1-5歳」13人、「6-9歳」10人、「10-12歳」23人、「13歳」以上13人、無回答29人であった。年齢が記載されていた99人を母数として各年齢の比率をみると、「0歳」40.4%、「1-5歳」13.1%、「6-9歳」10.1%、「10-12歳」23.2%、「13歳以上」13.1%となる。

2013年度調査での有効回答数は123人であった。県教委調べで、2012年5月1日現在、栃木県内の公立中学校の外国人生徒3年生は172人（栃木県教育委員会提供「平成24年度小・中学校教育課程等に係る調査結果から」）であった。進路が把握できた123人は、172人の71.5%に当たる。日本語指導を必要とする生徒は117人（3学年の合計人数）で、3年次に日本語指導を必要としていた生徒は39人と推測される。

123人の生徒の性別は、男性65人、女性55人、であった。主な母語別状況では、日本語35人（28.5%）、スペイン語24人（19.5%）、ポルトガル語13人（10.6%）、フィリピノ語（タガログ語）13人（10.6%）、タイ語5人（0.4%）、中国語4人（0.3%）、韓国語とウルドゥー語各3人（0.2%）であった。主要国籍別では、ペルー40人（32.5%）、ブラジル33人（26.8%）、フィリピン13人（10.6%）、中国7人（5.7%）、韓国とタイ5人（0.4%）、日本とパキスタン各4人（0.3%）である。

ペルー国籍40人のうち、スペイン語母語21人（52.5%）、日本語母語10人（25.0%）、ブラジル国籍33人のうち、ポルトガル語母語13人（39.4%）、日本語母語11人（33.3%）である。フィリピン国籍13人中11人がフィリピノ語（タガログ語）母語で、日本語を母語とするものは2人いた。中国国籍7人のうち、中国語母語4人、日本語母語2人、その他1人である。韓国国籍5人のうち、韓国語母語3人、日本語母語2人である。タイ国籍5人のうち、

タイ語母語2人、日本語母語2人、無回答1人である。日本国籍4人のうちフィリピノ語（タガログ語）母語2人、タイ語と日本語母語が各1人である。パキスタン国籍4人のうち、ウルドゥー語母語3人、日本語母語1人である。スペイン国籍で約半数、ブラジル国籍で約3割が日本語を母語としている点が注目される。

　123人のうち、中学3年時に日本語指導が必要な生徒数は36人（29.3％）、必要としない生徒数は83人（67.5％）で、無回答4人（3.3％）である。123人のうち、拠点校在籍者は39人（31.7％）、非拠点在籍者は64人（52.0％）で、無回答が20人（16.3％）いた。外国人生徒が在籍する学校が拠点校か非拠点校かに関する質問で無回答が2割を超えている。所属校が拠点校であることを認識していない拠点校教員と出会ったことがあるが、先の数値はそのような実態を反映しているのかもしれない。来日年齢別状況は、日本生まれを意味する0歳が45人、1-5歳7人、6-9歳11人、10-12歳16人、13歳以上17人、無回答27人であった。年齢が記載されていた96人を母数として各年齢の比率をみると、「0歳」46.9％、「1-5歳」7.2％、「6-9歳」11.5％、「10-12歳」16.7％、「13歳以上」17.7％となる。

(3) 進路結果の全体

　進路で高校進学を希望していた生徒は、2011年度調査で141人のうち118人（83.7％）、2012年度調査で128人のうち116人（90.6％）、2013年度調査で123人のうち103人（83.7％）で、いずれも圧倒的に多かった。

　栃木県における中学校卒業者の進路状況については、栃木県総合教育センターが毎年5月1日付で公表している。それによると、中学校卒業者全体の高校進学率は、2011年3月卒業生で98.0％、2012年3月卒業生で98.3％、2013年3月卒業生で98.5％であった。

　本調査で得られた外国人生徒の進路状況は表1で示した。2011年度では高校進学率は77.2％で、産業技術学校進学者が0.7％いた。2012年度

表1 外国人生徒の進路状況

区　分		2011年度調査		2012年度調査		2013年度調査	
		人数	割合	人数	割合	人数	割合
進　学	公立全日制	59	41.8%	70	54.7%	59	48.5%
	公立定時制	21	14.9%	8	6.3%	15	12.2%
	公立通信制	2	1.4%	1	0.8%	1	0.8%
	私立全日制	23	16.3%	25	19.5%	21	17.1%
	私立定時制	1	0.7%	0	0.0%	0	0.0%
	私立通信制	0	0.0%	2	1.6%	0	0.0%
	公立学校※1	3	2.1%	1	0.8%	0	0.0%
	私立学校※2	0	0.0%	1	0.8%	0	0.0%
	国立学校	0	0.0%	0	0.0%	1	0.8%
	専修(専門)学校	0	0.0%	4	3.1%	3	2.4%
	産業技術学校	1	0.7%	1	0.8%	0	0.0%
	外国人学校	0	0.0%	0	0.0%	0	0.0%
就　職		1	0.7%	0	0.0%	7	5.7%
帰　国		11	7.8%	1	0.8%	2	1.6%
未　定		15	10.6%	13	10.2%	12	9.8%
無回答		4	2.8%	1	0.8%	2	1.6%
合　計		141	100.0%	128	100.0%	123	100.0%

※1、公立全日制・定時制・通信制の区別が分からなかったもの。
※2、私立全日制・定時制・通信制の区別が分からなかったもの。

の高校進学率は84.5%で専修（専門）学校および産業技術学校進学者が3.9%いた。2013年度では、高校進学率は78.9%で、専修（専門）学校進学者が2.4%いた。外国人生徒の高校進学率は予想よりも高いものであったが、中学校卒業者全体の進学率に比べて約15～20%低い結果となっている。2012・2013年度調査で約20～25%の卒業生の進路が不明だった点には留意が必要である。栃木県全体の中学校卒業者のうち、県内の公立・私立を合わせて全日制の高校へ進学した生徒の割合は2011年度88.5%、2012年度89.0%、2013年度90.2%である。これに対し外国人生徒の場合は、2011年度58.1%、2012年度74.2%、2013年度65.1%である。一方、栃木県全体の中学校卒業者のうち、県内の定時制の高校へ進学した生徒の割合は、2011年度2.2%、2012年度1.9%、2013年度1.8%であるのに対し、外国人生徒の場合は、2011年度14.9%、2012年度6.3%、2013年度12.2%である。日本人生徒に比べて外国人生徒の進学率が低い

ことと、定時制の高校へ入学する外国人生徒の割合が日本人生徒よりも高いことが確認される。

　県内公立定時制高校のある教員は、定時制高校の場合、特別措置を利用して受検するより、学力検査を受検したほうが合格しやすい面があるのではないかと話す。また、ある公立定時制高校では、普通科、商業科で合計約100科目の多様な科目の中から、必修科目及び選択必修科目と自由に選べる選択科目を組み合わせ、生徒が自分で時間割を作成することを特色としている。単位制なので必修科目が取れないと卒業は出来ないが、必修科目は数多く設けられているので、苦手な科目をたとえば実技系の科目で補うことも可能だという。外国人生徒にとって定時制の高校は日本人生徒に比べてはるかに重要な進路先となっているが、入学のしやすさやフレキシブルな単位制等がその大きな誘因となっていると言えよう。

　ところで、高校進学の実態以上に不透明なのが進学後の就学状況であると思われる。訪問したいくつかの公立高校に共通していたのは、受検を通じて入学してくる以上、日本人も外国人も区別して考えていないというのが学校側の基本的なスタンスであった。このことは、学校側が外国人生徒の数を十分に把握していないことや外国人生徒への支援を特に必要とは考えていないことに通じている。推測の域を出ないが、高校に進学後、何らかの理由で中途退学する外国人生徒の割合は日本人生徒に比べてかなり高いのではないだろうか。栃木県の公立高校に在籍していた生徒の中途退学率をみると、2010年度の全日制での中途退学率は1.02%であるのに対し、定時制では12.65%、2011年度では前者が0.97%、後者が15.24%である（栃木県『平成23年度児童生徒の問題行動等生徒指導上の諸問題に対する調査』）。日本人生徒と外国人生徒の内訳は示されていないので正確なことは分からないが、外国人生徒の中途退学率の高さが示唆されているように思われる。高校進学後の追跡調査は極めて重要な課題と言えよう。

（4）日本語指導の有無別・母語別進路状況

2011年度調査で、中学3年次に「日本語指導が必要」であった42人のうち高校進学を果たした生徒は26人、進学率61.9%で、日本語指導が必要とされない生徒89人の進学率87.6%に比べ25%ほど低い結果であった。2012年度調査では、「日本語指導が必要」であった生徒27人のうち高校進学を果たしたのは15人（55.6%）で、産業技術学校進学者が1人いた。高校進学率は55.6%で、日本語指導が必要とされない生徒96人の高校進学率90.6%を30%以上下回った。2013年度調査では、「日本語指導が必要」であった生徒36人のうち高校進学を果たしたのは18人（50.0%）で、日本語指導が必要とされない生徒83人の進学率90.3%に比べ40%ほど低い結果が出ている。

表2は、2011年度調査の主要母語別進路結果を示している。表2により、進学者数・進学率（産業技術学校、専修・専門学校進学者含む、以下同様）

表2　母語別進路結果（2011年度調査）

母語		公立全日制	公立定時制	公立通信制	公立学校	私立全日制	私立定時制	産業技術学校	就職	帰国	未定	合計	進学者数と進学率
	日本語	9 52.9%	5 29.4%	—	—	3 17.6%	—	—	—	—	—	17 100.0%	17 100.0%
	中国語	17 68.0%	—	—	—	6 24.0%	—	—	—	2 8.0%	—	25 100.0%	23 92.0%
	ポルトガル語	8 23.5%	3 8.8%	1 2.9%	1 2.9%	6 17.6%	—	1 2.9%	1 2.9%	7 20.6%	6 17.6%	34 100.0%	20 58.8%
	フィリピノ語 （タガログ語）	3 25.0%	2 16.7%	1 8.3%	1 8.3%	2 16.7%	—	—	1 8.3%	2 16.7%	—	12 100.0%	9 75.0%
	スペイン語	16 47.1%	7 20.6%	—	—	4 11.8%	—	—	—	1 2.9%	6 17.6%	34 100.0%	27 79.4%
	その他	6 42.9%	3 21.4%	—	1 7.1%	2 14.3%	1 7.1%	—	—	—	1 7.1%	14 100.0%	13 92.9%
合計		59 43%	20 15%	2 1%	3 2%	23 17%	1 1%	1 1%	1 1%	11 8%	15 11%	136 100.0%	109 80.1%

を見ると、中国語25人中23人（92.0%）、スペイン語34人中27人（79.4%）、フィリピノ語（タガログ語）12人中9人（75.0%）、ポルトガル語34人中20人（58.8%）、となる。中国語を母語とする生徒の進学率が9割を超えているのに対し、ポルトガル語の場合は進学率が6割以下に留まっていることが特に注目される。日本語を母語とする17人は全員高校進学を果た

表3 母語別進路結果（2012年度調査）※就職はゼロ回答であった

母語		結果									合計	進学者数と進学率
		公立全日制	公立定時制	公立通信制	私立全日制	私立通信制	産業技術学校	専修(専門)学校	公立学校	県内私立	帰国	未定		
母語	日本語	25 67.6%	3 8.1%	1 2.7%	6 16.2%	—	—	1 2.7%	—	—	—	1 2.7%	37 100.0%	36 97.3%
	中国語	7 58.3%	—	—	3 25.0%	—	1 8.3%	—	1 8.3%	—	—	—	12 100.0%	12 100.0%
	ポルトガル語	8 38.1%	1 4.8%	—	4 19.0%	2 9.5%	1 4.8%	—	—	—	—	5 23.8%	21 100.0%	16 76.2%
	フィリピノ語 (タガログ語)	5 71.4%	—	—	1 14.3%	—	—	1 14.3%	—	—	—	—	7 100.0%	7 100.0%
	スペイン語	11 45.8%	2 8.3%	—	5 20.8%	—	—	—	—	1 4.2%	—	5 20.8%	24 100.0%	18 75.0%
	その他	11 61.1%	1 5.6%	—	4 22.2%	—	—	—	—	—	—	2 11.1%	18 100.0%	16 88.9%
合計		67 56.3%	7 5.9%	1 0.8%	23 19.3%	2 1.7%	1 0.8%	2 1.7%	1 0.8%	1 0.8%	1 0.8%	13 10.9%	119 100.0%	105 88.2%

している。

　表3は、2012年度の母語別進路結果を示している。表3によると、日本語37人中36人（97.3%）、スペイン語24人中18人（75.0%）、ポルトガル語21人16人（76.2%）、中国語12人中12人（100%）、フィリピノ語（タガログ語）7人中7人（100%）が進学している。

　表4は、2013年度の母語別進路結果を示している。表5によると、母語別の進学状況は、日本語35人中32人（91.4%）、スペイン語24人中18人（75.0%）、ポルトガル語13人中8人（61.5%）、フィリピノ語（タガログ語）13人中12人92.3%、中国語4人中2人（50.0%）となっている。

　3回の調査結果を合計して母語別に進学率を改めてみると、日本語89

表4 母語別進路結果（2013年度調査）

母語		結果										合計	進学者数と進学率
		公立全日制	公立定時制	公立通信制	私立全日制	国立	専修(専門)学校	就職	帰国	未定	無回答		
母語	日本語	20 57.1%	4 11.4%	—	7 20.2%	1 2.9%	—	2 5.7%	1 2.9%	—	—	35 100.0%	32 91.4%
	中国語	2 50.0%	—	—	—	—	—	2 50.0%	—	—	—	4 100.0%	2 50.0%
	ポルトガル語	4 30.8%	1 7.7%	—	3 23.1%	—	—	—	—	4 7.7%	1 12.5%	13 81.7%	8 61.5%
	フィリピノ語 (タガログ語)	10 76.9%	—	1 7.7%	—	—	1 7.7%	—	—	1 7.7%	—	13 100.0%	12 92.3%
	スペイン語	10 41.7%	5 20.8%	—	3 12.5%	—	—	1 4.2%	—	4 16.7%	1 4.2%	24 100.0%	18 75.0%
	その他	13 38.2%	5 14.7%	—	8 23.5%	—	2 2.4%	2 5.9%	1 2.9%	3 8.8%	—	34 100.0%	28 82.4%
合計		59 48.0%	15 12.2%	1 0.8%	21 17.1%	1 0.8%	3 2.4%	7 5.7%	2 1.6%	12 1.6%	2 1.6%	123 100.0%	100 81.3%

第Ⅱ部　外国人児童生徒教育問題の諸相

表5　主要母語別の進路結果

	公立全日制	公立定時制	公立通信制	公立学校	私立全日制	私立定時制	私立通信制	県内私立	国立	産業技術学校	専修学校	進学者数	就職	帰国	未定	無回答	合計	進学率
日本語	54	12	1	1	16	0	0	0	1	0	0	85	2	1	1	0	89	95.5%
中国語	26	0	0	0	9	0	0	1	0	0	1	37	2	2	0	0	41	90.2%
ポルトガル語	20	5	1	1	13	0	2	0	0	2	0	44	1	7	15	1	68	64.7%
スペイン語	37	14	0	0	12	0	0	0	0	0	0	63	1	2	15	1	82	76.8%
フィリピノ語（タガログ語）	18	2	2	1	3	0	0	0	0	0	2	28	0	1	3	0	32	87.5%

人中85人（95.5%）、中国語41人中37人（90.2%）、ポルトガル語68人中44人（64.7%）、フィリピノ語（タガログ語）32人中28人（87.5%）、スペイン語82人中63人（76.8%）となり、南米系生徒、特にポルトガル語を母語とする生徒の進学率の相対的低さが確認される。

(5)　特別措置利用状況

　栃木県の場合、「来日3年以内」の生徒が特別措置利用の要件を満たす。2011年度調査で、141名中、「来日3年以内」の者は23人（16.3%）いた。受検資格を有する23人のうち、A検査で受検した生徒は9人、B検査だけを受検した生徒が3人いた。A検査で受検した9人は全員公立高校に入学し、B検査で受検した生徒のうち2人は私立高校に入学し、1人は帰国している。つまり、B検査で受検した3人はいずれも公立学校に入学出来なかった。特別措置の母語別受検状況をみると、A検査で受検し合格した9人のうち7人は中国語で、韓国語とウルドー語が各1人であった。B検査で受検した3人のうち、中国語は2人、フィリピノ語（タガログ語）は1人であった。特別措置受検資格を有する母語を中国語とする生徒は13人いたが、このうち9人が受検し、7名が合格している。2011年度調査対象者のなかで、特別措置受検者は圧倒的に中国語を母語とする生徒であった。なお、特別措置受

検で合格した9人のうち、日本語指導有は8人、無が1人である。このことから、A措置が日本語指導を必要とする生徒の進学に大きな効果を果たしたことが理解される。

2012年度調査では、128名中、「来日3年以内」の者は13人（10.2%）いた。受検資格を有する13人のうち、A検査で受検した生徒は7人で、全員が公立高校に入学している。特別措置の母語別受検状況をみると、受検・合格した7人のうち中国語4人で、フィリピノ語（タガログ語）2人、ウルドー語が1人であった。前回同様に特別措置受検者のなかにポルトガル語およびスペイン語を母語とする生徒はいなかった。7人のうち6人は、中学三年次に日本語指導が必要な生徒であり、A措置が日本語指導を必要とする生徒の進学に大きな効果を果たしたことが理解される。

2013年度調査では、特別措置受検資格を有していた生徒は123人中17人（13.8%）である。特別措置を使って受検したのは9人と回答があった（1人は日本国籍で日本語を母語とする生徒）。9人の母語別状況は中国語3人、フィリピノ語（タガログ語）3人で、その他は日本語・韓国語・ウルドゥー語各1人、国籍別では中国3人、日本とフィリピンが2人、韓国とパキスタンが各1人である。すなわち、外国人生徒の利用は7人であった。結果は、受検した9人のうち、5人がA検査で公立全日制に合格、A検査で不合格になった4人のうち2人はB検査で公立全日制に合格し、2人は就職する結果となった。受検した9人のうち日本語指導が必要な生徒は7人いたが、そのうち4人はA検査で公立全日制に合格した。2人は不合格で就職をした。1人は、A検査不合格の後B検査を受検し、公立全日制に進学している。日本語指導「無」の2人については、1人がA検査で、1人がB検査で公立全日制に進学している。

第4節　事実の整理といくつかの論点

　本論は、栃木県を対象にして行った外国人生徒進路調査のデータを使い、公立の中学校を卒業した外国人生徒の進路を総体的にみた上で、主に日本語指導の有無別および母語別の進路状況を明らかにするとともに、特別措置の利用状況と効果を検証した。3年間の調査で392人の外国人生徒の進路が明らかとなった。いくつかの事実を整理しながら、考察を加えたい。

　第一に、392人中337人（86.0％）が日本の高校への進学を希望していたことが確認された。滞在の長期化と定住傾向の中で、外国人生徒の高校進学希望は確実に増大してきたし、今後も増大していくと思われる。高校進学者は314人で進学率は80.1％となり、2012・2013年度調査で外国人生徒卒業生の約20～25％前後の進路が不明だったことを考慮しても予想よりも高い結果が確認された。産業技術学校と専修（専門）学校進学者が9人（2.3％）いた。進学率が予想より高かった一因は、調査対象者のなかで、「日本語指導が必要」な生徒が105人（26.8％）に留まっていたことにあるだろう。全国平均では、外国人児童生徒総数の約4割が日本語指導を必要とする児童生徒である。また、2012・2013年度調査では、日本語を母語とする生徒および日本で生まれた生徒の割合がともに一番高かったことも進学率を押し上げている要因と考えられる。ただし、日本語指導が必要とされない外国人生徒の高校進学率が日本人生徒に比べて低いことも事実である。この点に関しては、「日本語指導が必要ない」との判断の基準が関係するのかもしれない。また、定時制の高校に入学した外国人生徒の割合は日本人生徒より高いが、定時制の中途退学率は全日制よりも高いこともあり、高校に入学した外国人生徒の追跡調査も重要であろう。

　第二に、特別措置受検で公立高校に合格した23人のうち19人（82.6％）が中学3年次に日本語指導を必要としていた生徒であり、このことから、特別措置が日本語指導を必要とする生徒の進学に大きな効果を果たしたこと

が確認された。しかし、外国人生徒による特別措置の利用状況は非常に限られていた。特別措置で受検するための条件である「来日3年以内」に該当する生徒は392人中53人（13.5%）しかおらず、しかもその半数程度の28人（0.7%）しか措置を利用していなかった。繰り返しになるが、栃木県の入試細則には、「外国人等については入国後3年以内の場合は、その事情によっては、高等学校長の判断によって志願資格を設定することができる」と記載されている。該当者の半数程度しか利用していない状況を理解するには、この措置に対する高校側と中学側の認識のあり方、並びに利用する場合にはどのような事情が考慮されているのかを探ることが必要になろう。

第三に、上記第二の結果から、特別措置利用者の多くは海外帰国者であることが判明する。県教委公開のデータから、A検査受検者は2011年度

表6　特別措置受験者・内定者の推移

年	受験者(人)	内定者(人)	合格率
2000年度	36	34	94.4%
2001年度	24	21	87.5%
2002年度	21	18	85.7%
2003年度	24	23	95.8%
2004年度	34	29	85.3%
2005年度	37	30	81.0%
2006年度	28	24	85.7%
2007年度	43	33	76.7%
2008年度	39	30	76.9%
2009年度	42	35	83.3%
2010年度	45	36	80.0%
2011年度	45	35	77.8%
2012年度	34	30	88.2%
2013年度	37	26	70.2%
合計	489	404	83.4%

栃木県教育委員会『平成25年度高等学校入学者選抜（推薦入学、海外帰国者・外国人等特別措置）合格者内定状況』
http://www.pref.tochigi.lg.jp/m04/documents/h25suisengoukakunaitei.pdf
2010年度以前のデータは県教委からの提供による

表7　特別措置の母語別利用状況

母　語	年	特別措置による受検 A検査	特別措置による受検 B検査	合　計
中国語	2011年度	7	2	9
	2012年度	4	－	4
	2013年度	3	－	3
韓国語	2011年度	1	－	1
	2012年度	－	－	－
	2013年度	1	－	1
フィリピノ語（タガログ語）	2011年度	－	1	1
	2012年度	2	－	2
	2013年度	2	1	3
ウルドゥー語	2011年度	1	－	1
	2012年度	1	－	1
	2013年度	－	1	1
合　計	2011年度	9	3	12
	2012年度	7	－	7
	2013年度	6	2	8

調査対象者で45人、2012年度調査対象者で34人、2013年度調査37人である。今回の調査で明らかになったA検査受検者は2011年度調査で9人、2012年度調査で7人、2013年度調査で9人である。いずれも2割程度で、特別措置利用者の8割程度は海外帰国生徒と捉えられる。参考までに、2000年度から2013年度までのA検査の受検・合格内定状況を示したものが表6である。2000年度受検人員36人（うち内定者34人、合格率94.4％、以下同様に記述）、2001年度24人（21人、87.5％）、2002年度21人（18人、85.7％）、2003年度24人（23人、95.8％）、2004年度34人（29人）、2005年度37人（30人、81.0％）、2006年度28人（24人、85.7％）、2007年度43人（33人、76.7％）、2008年度39人（30人、76.9％）、2009年度42人（35人、83.3％）、2010年度45人（36人、80.0％）、2011年度45人（35人、77.8％）、2012年度34人（30人、88.2％）、2013年度37人（26人、70.2％）となっている。平均すると毎年30人強が受検し、平均合格率は約83.4％で、全体的に高い合格率となっている。

第四に、南米系生徒の高校進学率の相対的な低さが確認されたが、この一因は、ポルトガル語とスペイン語を母語とする生徒の特別措置受検が皆無だったことである。3年間の特別措置利用状況を母語別にまとめたものが表7である（2013年度調査で回答があった日本国籍・日本語母語の生徒1人は表から外している）。この特別措置の母語別利用状況を見ると、中国語16人、フィリピノ語（タガログ語）6人、ウルドゥー語3人、韓国語2人である。過去3年間の特別措置受検者の中にポルトガル語およびスペイン語を母語とする生徒は1人もいなかった(注6)。南米系生徒の利用が皆無だったことには、南米系児童生徒の滞在の長期化と定住傾向が深く関係する。3回の調査の合計で、来日年齢が把握できたポルトガル語57名のうち、受検資格を満たすのは1人に過ぎず、スペイン語も64人中7人とほんのわずかであった。これに対し、中国語41人のうちほぼ半数の21人が受検資格を満たしている。滞在の長期化と定住傾向の中で、南米系生徒が入試配慮から実質上排除されている現実がある。

　一般的には、滞在が長期化すれば日本語能力は向上すると思われがちであるが、事態はそう単純ではないのかもしれない。2011年度調査からは、日本生まれ（来日年齢0歳）の29人のなかの4人、また、来日年齢が1-5歳、6-9歳、10-12歳のいずれでも3割程度の生徒が中学3年になっても日本語指導が必要と判断されている。このデータからは、滞在年数の長さと日本語能力のレベルが必ずしも比例関係にないことが示唆されている。滞在の長期化のなかで、特別措置からは排除される一方で、日本語能力がなかなか向上しないという問題は、南米系児童生徒（特にポルトガル語を母語とする児童生徒）に特有なものがあると思われる。家庭での言語環境、文化的な相違からくる学校への適応、保護者の仕事の形態や収入など家庭の経済的基

(注6) 3回目の調査である2013年度調査結果の概要が新聞紙上で紹介された数日後に、県内のある中学校教員から、「調査には回答しなかったが、今年度自校からブラジル国籍の生徒が1人特別措置で公立の高校に入学した」と電話連絡があった。その他の情報が不明ということもあり、ここでの整理には加えていない。

盤、子どもの教育に対する保護者の意識などの諸要因が関係しよう。

おわりに

　ニューカマーが増加し始めてから20年が過ぎた。外国人児童生徒の定住化が進む中で、日本の中学校を卒業する外国人生徒にとって日本の高校進学希望は確実に増大してきたし、今後も増大していくと思われる。
　外国人生徒の進路についての栃木県の調査から見えてきたのは、高校進学率が全国平均よりも高いと思われること、日本人生徒に比べて公立全日制への進学率が低いこと、南米系生徒の進学率が低いこと、特別措置利用者が全体の1割にも満たないこと、さらに特別措置利用者のなかに南米系生徒は皆無であること、などである。
　栃木県における外国人生徒の高校進学率が比較的高い一因は、調査対象者のなかで、「日本語指導が必要」な児童生徒が調査対象者の3割以下であったことが関係しよう。全国平均では、外国人児童生徒総数の約4割が日本語指導を必要とする児童生徒である。2012・2013年度調査では、日本語を母語とする生徒および日本で生まれた生徒の割合がともに一番高かったことも進学率を押し上げている要因と考えられる。
　特別措置については、「来日3年以内」の要件が厳しく、利用状況がごくわずかである現実を見たが、「来日3年以内」を要件としている都道府県は少なくなく、同様な傾向は全国的にみられると思われる。「特別」な制度があるにも関わらず形骸化し、それが機能していない現実がある。
　特に特別措置を通じて入学した生徒には、高校入学後の手厚いサポートが必要であろう。しかし、県内の高校をいくつか訪問して聞いた限りでは、高校側では、外国人生徒の実態さえ把握しておらず、「受検で入学してきたのだから日本人も外国人も同等に扱う」という考え方が大勢を占めていた。これでは、外国人生徒のドロップアウトを防ぐことは難しい。

文部科学省初等中等教育局長決定で2007年7月に設置された「初等中等教育における外国人児童生徒教育の充実のための検討会」は、小中学校における外国人児童生徒の受け入れ体制の整備や日本語・適応指導の充実を図ることが急務の課題となっているとの立場から、約1年間充実方策を多面的に検討し、その結果を2008年9月に『外国人児童生徒教育の充実方策について』として著した。この報告書では、外国人生徒の高校進学を支援することが重要であると指摘されている。おそらく、国レベルの報告書で、外国人生徒の高校進学への支援が明言されたのは初めてであろう。報告書では、都道府県単位で行われている外国人生徒を対象とした特別定員枠を設定することや受験教科数の軽減などの配慮措置の取り組みが「さらに進められることが望ましい」と指摘されている。しかし、外国人生徒の高校受検のための特別枠や特別措置の中身や受検資格の条件等は都道府県ごとに大きく異なっているのが現状であり、現行の制度の効果や課題を検証することなく「さらに進められることが望ましい」と言及されるだけでは、具体的なビジョンの構築には至らない。本論が示したように、特別措置が事実上形骸化しているという事実があるが、全国的に、特別枠や特別措置がこれまでどのような効果を有してきたかについて検証する作業はほとんど行われてきていない。特別枠・特別措置の制度の問題を含め、外国人生徒の高校進学をめぐる地域・母語・国籍別格差の実情を多面的に分析していくことが問われよう。

参考文献

- 太田晴雄『ニューカマーの子どもと日本の学校』国際書院、2000年
　月刊『イオ』編集部『日本の中の外国人学校』明石書店、2006年
- 上原秀一「中学校卒業程度認定試験について」『HANDS[ハンズ]:とちぎ多文化共生教育通信』第8号、宇都宮大学、2010年
- 梶田孝道『外国人労働者と日本』日本放送出版協会、1994年
- 鍛冶到「大阪府におけるニューカマーと高校入試」志水宏吉編著『高校を生きるニューカマー』明石書店、2008年
- 小島祥美『2011年度　外国人生徒と高校にかかわる実態調査報告書（全国の都道府県・政

令都市の教育委員会＋岐阜県の公立高校から)』科学研究費補助金（若手研究 B）課題番号 22730673「ヒューマン・グローバリゼーションにおける教育環境整備と支援体制の構築に関する研究」研究代表者、小島祥美、2012 年
・佐久間孝正『外国人の子どもの不就学』勁草書房、2006 年
・志水宏吉・清水睦美編著『ニューカマーと教育』明石書店、2001 年
　────編著『高校を生きるニューカマー』明石書店、2008 年
・清水睦美『ニューカマーの子どもたち』勁草書房、2006 年
・田巻松雄・坂本文子「栃木県における外国人生徒の中学卒業後の進路状況」『宇都宮大学国際学部研究論集』第 33 号、2012 年
・田巻松雄「外国人生徒の高校進学問題─入試配慮に焦点を当てて」『理論と動態』第 5 号、2012 年
・樋口直人「平等な教育機会とは何か－外国人の子どもの教育に求められるもの」『21 世紀兵庫の学校デザイン』兵庫県在日外国人教育研究協議会、2002 年
・広崎純子「進路多様校における中国系ニューカマー生徒の進路意識と進路選択－支援活動の取組みを通じての変容過程」『教育社会学研究』80、2007 年
　平成 16・17 年度宇都宮大学重点推進研究編（研究代表 田巻松雄）『外国人児童生徒の教育環境をめぐる問題－栃木県内の現状と課題 資料編』、2006 年
・平成 19 年度宇都宮大学特定重点推進研究編（研究代表 田巻松雄）『栃木県における外国人児童生徒教育の明日を考える』、2009 年
　平成 20 年度宇都宮大学特定重点推進研究編『栃木県外国人児童生徒在籍校調査報告・資料集』、2009 年
・宮島喬・太田晴雄編『外国人の子どもと日本の教育』東京大学出版会、2005 年
　栃木県教育委員会『平成 24 年度 栃木県高等学校入学者選抜実施細則』、2012 年
　────『平成 24 年度県立高等学校入学者選抜（推薦入学、海外帰国者・外国人等特別措置）合格内定状況（PDF）』、2012 年
　(http://www.pref.tochigi.lg.jp/m04/education/kyouikuzenpan/keikaku/documents/h23suisengoukakunaitei.pdf、2012.7.14)
　平成 24 年度就学義務猶予免除者等の中学校卒業程度認定試験（中卒認定）受験案内
　(http://www.mext.go.jp/a_menu/shotou/sotugyo/1322849.htm、2012.9.30)

第 5 章　ニューカマー系外国人学校の現状と課題

はじめに

　2008 年 8 月の時点で、日本には、ブラジル人学校 97 校、朝鮮学校 73 校、韓国学校 4 校、中華学校 5 校、インターナショナルスクールなど、200 校以上の外国人学校があった（外国人人権法連絡会、2010）。外国人学校とは、主に外国籍の子どもを対象に独自のカリキュラムを編んで運営している学校をさす。外国人学校は多種多様だが、日本の学校教育法上、「1 条校」として認められておらず、現行の制度では各種学校の認可しか得ることが出来ない。長い歴史を持つ中華学校や朝鮮学校の大半は各種学校に認可されているが、南米系学校の多くは各種学校に認可されていない現状がある。各種学校に認可されていないと行政からの財政的な支援が受けられない。このため、学校経営は総じて厳しくなる。
　日本に暮らす外国籍の子どもが日本の学校ではなく外国人学校を選択する理由はいくつかある。何よりも大きいのは、外国籍の児童生徒と保護者たちの母語教育や民族教育に対するニーズである。中華学校や朝鮮学校は、日本での定住を基本的な前提にする子どもたちに母語教育や民族教育を提供する。ただし、中華学校に日本人児童生徒が通うという事態も生まれている。この場合には、中華学校で行われているバイリンガル教育等の特色ある教育カリキュラムが大きな誘因となっている。制度的には、日本人児童生徒が外国人学校に在籍することは「就学義務違反」である。南米系学校の場合は、帰国後の適応や進路への準備を意識した母語教育と民族教育を提供していると言えよう。南米系学校の誘因は学習面でのサービスにとどまらない。南米系児童生徒の保護者の多くは工場などの製造業で働く非正規雇用の派遣労働者で、継続的な残業や長時間労働といった労働環境が一般的と言われる。このような

状況の中で、外国籍の児童生徒と保護者にとって、日本人学校にはない送迎などのサービスや託児所的な役割が大きな誘因となる。

本論の基本的関心は2つある。1つは、制度的な教育保障の枠組みから外されてきた外国人学校がどのような厳しい問題に直面してきたか（しているか）についてである。現存する外国人学校の学校運営の歩みを整理することで、日本社会の支援の在り方についても検討したい。2つ目は、外国人学校を卒業したこどもたちの進路である。日本人生徒の場合、中学卒業者でも高校卒業者でも、かれらの進路はある程度見える。しかし、中学校を卒業した外国人生徒の進路は不透明であるし、外国人学校の卒業生の場合はより不透明であろう。進路状況を把握することで、政策課題や支援の在り方を検討する論点が得られると考える[注1]。

上記の関心に基づき、ニューカマー系外国人学校を訪問し、関係者からの情報収集を図った。訪問したのは、南米系学校1、ブラジル人学校3、フィリピン人学校1の計5校である[注2]。本論は、これらの学校訪問で得られた情報をベースにして、ニューカマー系外国人学校の現状と課題を整理するも

(注1) その他、中華学校を意識しての問題関心であるが、外国人学校の教育内容から日本の学校が学ぶべき点が少なくないのではないかということがある。国際理解教育や多文化共生教育の必要性は近年強調されるばかりであるが、日本の小中学校での現状はどのようなものであろうか。以前中華学校の校長にお話を伺った際に、日本と中国の懸け橋になるような人材とグローバルな社会で活躍できる人材を育成するための教育づくりにかける校長の熱意や情熱を強く感じた経験がある。グローバルな人材を育成するための教育において、外国人学校が日本の学校のはるか先を進んでいる側面があるのではないだろうか。

(注2) 外国人学校に関心を持つ卒業研究生3人（菅原理沙、本望茜、山本可奈）と協力して学校訪問と関係者からの聞き取りを行った。田巻は、A校、B校、C校、D校へは菅原・本望と一緒に訪問した。E校については、山本と一緒に行く予定であったが、日程が合わず、山本が1人で訪問した。なお、山本とは静岡県立大学教員の高畑幸、および、つくば在住で東洋大学教員の Cherry Ballescas を訪問し、情報収集を行った。お二人には改めて感謝申し上げたい。本論は、この3人の学生たちのデータ整理をはじめとする協力に基づいており、実質上の共同作業の成果である。学生自身による研究成果は卒業論文としてまとめられている。学校訪問と聞き取りにご協力いただいた外国人学校の関係者の皆様に厚く御礼申し上げたい。

のである。まず、日本における学校の種類と外国人学校の位置づけを俯瞰する。次に、1990年代以降のニューカマー系外国人学校の歩みを素描する。その上で、5校の事例を見る。

第1節　学校の種類と外国人学校の位置づけ

　日本の学校教育法は、学校を3つに大別している。
　1つ目は「1条校」である。学校教育法第一条で「学校とは、幼稚園、小学校、中学校、高等学校、中等教育学校、特別支援学校、大学及び高等専門学校とする。」と規定されており、この規定にある学校を「1条校」と呼ぶ。
　2つ目は「専修学校」である。同124条で「第一条に掲げるもの以外の教育施設で、職業若しくは実際生活に必要な能力を育成し、又は教養の向上を図ることを目的として次の各号に該当する組織的な教育を行うもの（当該教育を行うにつき他の法律に特別の規定があるもの及び我が国に居住する外国人を専ら対象とするものを除く。）は、専修学校とする。」と定められている。以上の「1条校」と専修学校が学校教育法の定める「正規の学校」である。「外国人を専ら対象とするものを除く」とあるように、外国人を対象とする外国人学校はこの専修学校には該当しないと位置づけられている。
　3つ目は「各種学校」である。同134条で「第一条に掲げるもの以外のもので、学校教育に類する教育を行うもの（当該教育を行うにつき他の法律に特別の規定があるもの及び第百二十四条に規定する専修学校の教育を行うものを除く。）は、各種学校とする。」としている。自動車教習所、服飾学校、美容学校、外国人学校等が該当するが、学校教育法では「正規の学校」とは認められていない。外国人学校には、各種学校に認可されている外国人学校もあれば、認可されていない学校もある。各種学校として認可されていない外国人学校は、無認可の私塾扱いとなる。
　次に、学校法人は財団法人として規定されており、私立学校を設置するこ

とを目的とした非営利法人である。学校教育法2条1項において、国、地方公共団体および私立学校法第3条に規定する学校法人のみが、学校を設置することが出来ると規定されている。準学校法人とは、私立学校法第64条において、専修学校又は各種学校の設置のみを目的とする法人と規定されている。文部科学省の「インターナショナルスクールまたはブラジル人学校のある都道府県における各種学校設置認可基準比較表」によると、各種学校に認可されるための条件として、設置者が準学校法人であることという条件を掲げている地域がある。外国人学校が各種学校に認可されるための条件は各都道府県により異なるが、地域によっては、設置者の法人格が必要となる。

　文科省の学校法人制度の概要によると、学校法人の設立認可や指導を行う所轄庁は、「私立大学及び私立高等専門学校を設置する学校法人については文部科学大臣、私立高等学校以下の学校をのみ設置する学校法人については都道府県知事」とされている。外国人学校は後者の私立学校以下の学校をのみ設置する学校法人にあたるため、所轄庁は各都道府県知事になる。

　外国人人権法連絡会（2010）によると、各種学校に認可されていないと、①国庫からも自治体からも補助がない、②授業料には消費税が課せられる、③学校に対する寄付金について税制上の優遇措置が受けられない（この点は各種学校も同様）、④通学定期券の対象とはならない、⑤各種スポーツ大会への参加もできない、など困難な問題が生じる。各種学校に認可されることにより、また、準学校法人を取得することにより、学校事業に対しての法人税がかからなくなるなどの利点がある。

　各種学校の設置基準は、就業年限、年間授業時間数、教員数、生徒数など細かく定められている。中でも、外国人学校の大きな壁となっているのが、校地・校舎に関する項目である。原則、校地・校舎の借用は認められておらず、自己所有であっても担保つきのものは認められない。南米系外国人学校の多くは、校舎を借りている場合が多いため、この条件を満たすことが出来ず、各種学校認可が厳しい状況にある。そこで、文科省は2004年6月に、

外国人学校の各種学校認可基準を緩和する省令を各都道府県知事に発表した。しかし、各種学校の認可は各都道府県知事の権限であるため、この緩和省令により、校地・校舎の借用を認めた地域もあれば、条件付きで認めている地域など、各地域様々である。

なお、南米系外国人学校は、各種学校の認可とは別に、本国の教育省から認可を受けている学校と受けていない学校に大別される。本国からの認可を受けることの利点としては、本国に帰国し編入する際に編入試験が免除される点や、帰国した際の進学が可能である点があげられる。本国の認可を受けた学校の高等部を卒業した場合、帰国して大学を受験することができる。また、本国の教育省の認可を受けている外国人学校を卒業した場合、本国の学位を取得したこととなるため、帰国後の就職にも有利になる場合がある。ただし、本国からの認可が得られても、財政的な支援が得られるわけではない。

第2節　外国人学校の全体的な状況と推移

2011年末現在、日本における外国人登録者は約207万人であり、国籍別では中国が3割を超えていて一番多く、以下、韓国・朝鮮、ブラジル、フィリピン、ペルーと続く。長い間、韓国・朝鮮が国籍別登録者で常に最上位を占めていたが、2007年に中国と逆転した。1990年の入管法改定以後、ブラジルとペルーの南米系外国人が急増した。フィリピン人は比較的コンスタントに増加してきたと言える。これらの国籍別上位登録者に引き付けて、日本における主な外国人学校の歴史的推移と現状を簡潔に見ておこう。

最も古い歴史を持つのが、中華学校である。1898年に横浜に2つの中華学校が誕生している。すでに1世紀の歴史を持っていることになる。現在、中華学校は5校ある。

朝鮮学校は、1945年に在日朝鮮人が朝鮮語を用いて学習をする場「国語

講習所」を設けたことにルーツがある。戦後の長い間、外国人児童生徒の大半は朝鮮人であった。1957年の文部省の調査では、小中学校外国人児童生徒134,818人中朝鮮人は127,243人で、94.4%を占めていた。1971年時点では、小中学校外国人児童生徒数は78,926人で、朝鮮人がそのなかの91%を占めていた（福田、2005）。1960～70年にかけて各都道府県が朝鮮学校を各種学校として認可し、1975年にすべての朝鮮学校が各種学校となる。この時代が朝鮮学校の学校数・生徒数のピークであったと言われる。2003年時点で121校の朝鮮人学校があり、約12,000人の児童生徒が在籍していた（末藤、2005年）。

　ブラジル、ペルー、フィリピンのニューカマーについては、入管法改定以後の1991年、リーマンショック前の2007年、2011年現在の人数を見て、人口推移を見ておこう。ブラジル人は、1991年119,333人、2007年316,967人、2011年210,032人で、91年から2007年までに約10万人増えて約30万人となり、リーマンショック以後は約10万人減って、2011年現在約21万人である。ペルー人は1991年26,281人、2007年59,696人、2011年52,842人で、ブラジル人と同様の傾向を示しているが、絶対数でも変化の幅でもブラジルに比べて小さい。フィリピン人は、1991年61,837人、2007年202,592人、2011年209,373人と推移し、リーマンショック以後も増加していることが確認できる。

　現在のブラジル人とペルー人の人口比はほぼ4対1であるが、文部科学省の「ブラジル人学校等の実態調査研究結果」(2009)によると、2009年2月の時点で、全国に86校のブラジル人学校があるのに対し、ペルー人学校は3校のみであり、その差は極めて大きい。外国人人権法連絡会（2010）や拝野（2010）を参照すると、ブラジル人学校は1990年代後半から急増し、10年余りで90校を超えたという。2007年10月の時点で90校、2008年8月の時点で97校であった。ブラジル人学校の前身は、日本に出稼ぎにきた親が子供を預けられる託児所的な施設であった。しかし、日本で暮らす子

どもたちが、日常生活、学校での学習、家庭でのコミュニケーションなど様々な面において困難を抱えることが目立ってきたため、これらに対する危機感などから、1990年代後半よりブラジル人による学校設立の動きが始まり、ブラジル大手の私立学校が日本進出したこともあり、その動きは加速していったと言われる。

ブラジル人学校が全体としては急増した時期にも、閉校する学校もあった。2001年3月から2008年10月までの約8年間で11校のブラジル人学校が閉鎖している。そして、リーマンショック後の2008年10月以降の1年間では、16校ものブラジル人学校が閉鎖した。また、文部科学省の「ブラジル人学校等の実態調査研究結果」によると、全国のブラジル人学校に通う生徒数が、2008年の6,373人から2009年には3,881人になり、約40％減少した。ブラジル人学校は2011年9月現在で70前後と思われるが、各種学校として認可されていることが確認できるのは14校である[表1]。ブラジルの教育省に認可されている学校は44校である。

表1　各種学校として認可されているブラジル人学校一覧（2012年9月1日現在）

No.	県	市町	学校名	高校まで
1	群馬県	太田市	エスコーラ・パラレロ	
2	埼玉県	上里市	インスチツート・エドカショナル・TSヘクレアソン	
3	静岡県	富士市	エスコーラ・フジ	
4	静岡県	浜松市	コレージオ・ムンド・デ・アレグリア	
5	静岡県	浜松市	エスコーラ・アレグリア・デ・サベール浜松校	○
6	愛知県	碧南市	エスコーラ・アレグリア・デ・サベール碧南校	○
7	愛知県	豊橋市	エスコーラ・カンチーニョ・ブラジレイロ	
8	愛知県	豊橋市	エスコーラ・アレグリア・デ・サベール豊橋校	○
9	愛知県	豊田市	エスコーラ・アレグリア・デ・サベール豊田校	
10	岐阜県	大垣市	エスコーラ・ブラジレイラ・プラフェソール・カワセ	
11	岐阜県	美濃加茂市	コレージオ・イザーク・ニュートン	○
12	三重県	鈴鹿市	エスコーラ・アレグリア・デ・サベール鈴鹿校	○
13	三重県	四日市市	エスコーラ・ニッケン	○
14	滋賀県	近江八幡市	コレージオ・ラティーノ・ド・ジャポン	○

出典　TS Public各種学校として認められたブラジル人学校の一覧
データ引用http://tspublic.jimdo.com/data/（2012.12.30アクセス）
注：「ブラジル人学校の一覧」という表現が使われているが、4の学校はペルー人学校として発足した経緯があり、南米系学校と自称している。

ピーク時で90を超えるほどブラジル人学校が存在してきたことの背景には、ブラジル人の場合、全国的に集住地域がいくつかあることが関係しよう。ブラジル人の多くは、製造業の工場労働に従事していると言われる。表2は、2011年のブラジル国籍の都

表2 ブラジル人数と外国人登録者に占める割合

総数	210,032	割合	ブラジル人学校
愛 知	54,458	25.9%	9
静 岡	33,547	16.0%	12
三 重	14,986	7.1%	2
岐 阜	13,327	6.3%	4
群 馬	12,909	6.1%	5
神奈川	10,060	4.8%	0
埼 玉	9,123	4.3%	2
滋 賀	8,710	4.1%	3
長 野	7,504	3.6%	3
茨 城	7,427	3.5%	3
栃 木	5,688	2.7%	0

法務省「外国人登録者数」と駐日ブラジル大使館「在日ブラジル人学校(ブラジル教育に認可)」を参考に作成

道府県別登録者数の上位11県におけるブラジル人数とその外国人登録者全体に占める割合、そしてブラジルの教育省に認可を得ている(申請中も含む)ブラジル人学校の数をまとめたものである。これをみると、上位3位は愛知、静岡、三重であり、東海地方に集中して集住しており、ブラジル人学校も愛知、静岡に多く存在している。また、2005年に行われた国勢調査の「外国人に関する特別集計結果」によると、ブラジル人就業者数140,830人のうち63.8%が製造業へ就業していると報告されている。ブラジル人の多くは製造業に従事しており、工業団地などがある就業先周辺に集住していると思われる。

ペルー人学校はわずかしかないことを先に示したが、フィリピン人学校はさらに少なく、全国に1校しかない。後述するように、ブラジル人学校にフィリピン児童生徒が在籍しているような例はある。しかし、フィリピン児童生徒のためにフィリピンの言語や文化に関する授業を行っている学校は、全国に1校だけである。現在、ブラジル人とフィリピン人の数はほぼ同じであるが、フィリピン人学校が1校しかない背景としては、ブラジル人の場合とは対照的に、フィリピン人の分散的な居住形態が関係しよう。ブラジル人のように、ある

一定の地域に多く集住している場合、その地域ごとに子どもたちを集めて学校を運営することは比較的容易と言えよう。しかし、フィリピン人は全国各地に分散しているため、子どもたちを特定の学校に集中的に集めることは難しい。また、フィリピン人児童生徒の場合、日本人男性とフィリピン人女性との国際結婚で生まれたり来日することが多く、日本人男性を父にもつような子どもは日本の小中学校に入学し、日本人児童生徒と同じような就学コースを歩んでいこうとするケースが大半である。

第3節　5校の事例

(1)　ブラジル人学校A校（2012年9月11日訪問）

　栃木県県北にあるA校は2006年に日系人によって設立され、2010年より現在の校長が運営を受け継いだ。2008年のリーマンショック以前、最も多い時で140人前後の子どもがいた。現在は35人の子どもたちが通っており、その内訳は、0～2歳が8名、3～5歳が19名、小学生が8名で最年長は9歳である。校舎は元々会社であった建物を借りている。現在の学校は、子どもたちの人数が大きく減少したため、その建物の半分しか使用されていない。35人のうち、27人が未就学の年齢であるため、託児所のような性格が強い。35人のなかには、ブラジル人以外に、ペルー人、フィリピン人の子どもたちもいる。1日中学校にいる子どももいるが、幼稚園に通っている子や、日本の小学校に通っている子は、幼稚園や学校が終わった後にA校に通っている。学校に子どもがいる時間は、最大、午前6時から午後9時までで、親の出勤時間と帰宅の時間に合わせられている。自宅・幼稚園・小学校とA校の行き来の際は基本的に送迎をしており、自宅が近い子は親が送り迎えをしているケースもある。

　教員は英語、日本語、ポルトガル語などを教える4人で、その他に、設備管理やバスの送迎をするスタッフが1名とアルバイトとして働いている人が数

名いる。月謝は3万円で、この中には朝・昼・夜食代、送迎費が含まれている。A校の中等部や高等部を卒業した子どもたちの進路について正確なことは分からなかったが、校長先生はA校を卒業した後の子ども達の進路について、9割が帰国、1割が就職すると述べた。帰国の際の問題は、A校がブラジル教育省の認可を受けていないため、A校を卒業後帰国しても、母国の学校を卒業したことにならないことである。このため、母国での編入や進学、就職が困難になってしまう。2011年にA校の中等部を卒業した生徒がいた。この子は卒業後ブラジルの高校への進学を希望していたので、ブラジル教育省に認可を受けている岐阜県の姉妹校（2012年11月閉校）に協力をしてもらい、中等部卒業の書類を作成した、と校長は述べていた。

　リーマンショック前後の大きな変化として、月謝の値下げが挙げられる。2009年には月謝4万5千円であったが、現在、月謝は3万円である。この値下げは、月謝を安くし親への負担を減らすことで、ひとりでも多くの子供たちに通ってもらうための工夫であると思われる。リーマンショックによって子どもたちが急減し特に大きな影響を受けたが、月謝を下げ生徒数を増やす工夫の他にも、週に5回来てもらっていた日本語教師を週1回に減らしたり、土地の大家と話し合い家賃を下げてもらったり、等の様々な工夫をしながら、経営難を乗り越えてきたという。

　今後の当面の課題として、校長はブラジル教育省の認可を得ることだと述べた。2010年から認可取得のための書類を作成しており、訪問の時点では認可申請中であった。「認可されれば、帰国後の進学や就職に有利になるので」と校長は話した。各種学校への認可については、県に提出する書類が非常に難しいため、まずは本国の教育省の認可を優先したいそうだ。

　校長先生の基本的な考え方は、外国人のこどもも、中学校、高校は日本の学校に通った方がいいというものである。それは、子どもや親は帰国願望があるものの、経済的な理由でその実現は難しく、日本での滞在が長期化しているという現状があるためである。それゆえ、日本で暮らしていくことになっ

ても、ブラジルへ帰国しても対応できるように、最低でも2カ国語（ポルトガル語、日本語、英語など）は話せるように指導している。

（2）　南米系学校B校（2012年9月26日訪問）

　静岡県H市にあるB校は2003年2月にペルー人学校として開校した。開校した校長は、元々、自動車メーカーで出稼ぎ日系人の採用担当をしていた日本人である。開校の大きな契機となったのは、校長が在東京ペルー総領事館の後援する教育フォーラムに参加したことであった。フォーラムでは、日本に出稼ぎに来ているペルー人の多くが子供の教育にあまり関心を持たないこと、いずれ帰国するのだからという理由で子どもを学校に行かせていない場合があること、ペルーに帰国した子どもたちの学力が低下し留年していくことなどが問題とされた。そのフォーラムの後、出席していた保護者から母語で勉強ができる学校を作ってほしいと要望が出された。会社を退職後、知人のペルー人から依頼を受け、B校の開校に至った。

　B校は、2003年12月にNPO法人格を取得し、2004年5月には各種学校認可を要請して同年12月に認可された。B校は全国で初めて各種学校に認可された南米系外国人学校として、メディアなどの注目を集めた学校である。B校は、2005年8月に準学校法人を取得した。

　ペルー政府からは2010年11月、国外のペルー人学校としての認可を受けており、ブラジルの教育省からは小中学校の課程までは認可され、高校の課程は、現在申請中である。

　訪問した2012年9月の時点で、4歳から18歳までの220人の子供たちが在籍していた。はじめはペルー人学校として開校したが、2005年からはブラジル人教室を新設し、南米系外国人学校として再スタートした。現在、約7割がブラジル人、約3割がペルー人、その他にもボリビア、パラグアイ、アルゼンチンなど子どもたちの国籍は様々である。未就学クラスから高等部まであり、国籍と学年によってクラス分けされている。学校時間は8時半から

15時半までで、子どもたちは内履きに履きかえる、掃除をするなど、日本の学校ならではの習慣を受け入れながら、学校生活を送っている。教師やスタッフは全部で約40人いるという。2009年1月にH市は、合併されたことで利用されていない旧役場庁舎の再利用として、建物の一部を校舎としてB校に貸し出す意向があることを明らかにし、1年後の2010年1月には、新校舎への移転が実現した。音楽ホールや簡単な実験が行える実験室もある。

　B校は、準学校法人を取得しており、各種学校としても認可されている。ペルー政府やブラジル政府からも認可されている（ブラジル政府からの認可は現在中等課程まで）。また、校舎は行政の建物を貸与されている。このように一見B校は非常に恵まれた学校と見えるが、これまでの道のりは非常に大変だった、と校長は語る。

　2003年の開校当時から、できるだけ月謝を下げて父兄の負担を軽減したいと考えていたが、どこからも補助金が出なかった。開校以来、赤字が続いていたため、寄付集めに奔走するも、「会社として個人への寄付行為はできない」とのことがあり、2003年に内閣府にNPO法人認可申請書を提出し、それが受理された。その後、静岡県が各種学校の認可基準である、自前の校地校舎でなければならないという条件を緩和したことで、2004年12月に各種学校として認可されることとなった。しかし、H市には各種学校支援の前例がなく市に予算がなかったため、各種学校に認可後の市からの補助金は145万円に留まった。年間145万円の援助では1人あたりの月謝を千円下げることが精一杯であり、絶望的な状況であったという。また、県はNPO法人には補助金を出さないということで、経済的な厳しい状況に改善の見込みがなく、2005年、校長は閉校を決意する。

　この窮状を救ったのが、地元企業による寄付である。B校の窮状が、校長が以前勤めていた会社のトップの方に伝わり、地元企業への働きかけもあって、2005年3月、地元企業51社から2000万円の寄付を受けることとなった。この支援により、一律3万8千円の月謝を幼児部・小学部1万5千円、中学以

上2万円に下げ、より多くの生徒を受け入れ、準学校法人としての認可を受けることが可能となった。閉校を決意した当時は、14名だった生徒が月謝を下げた3月末には50名となった。2005年8月、準学校法人の認可を受けることができ、県からの支援も受けられるようになった。県からの財政援助としては、児童生徒1人につき約5万円の援助が受けられたそうだ。こうして閉校の危機を免れたのである。

　進路に関してであるが、B校の中等部を卒業した生徒の大半は、そのまま高等部へ進む。校長によると、高等部へ進まなかった場合の進路として、本国へ戻り進学する、日本で就職する、日本の高校へ進学する、の3つのパターンがある。日本の高校へ進学する場合は定時制高校や通信制高校への進学となるが、実際はごく稀だと言う。日本語がある程度話せても、教科学習では理解が難しいため、日本の高校への進学は難しいと言う。

　子どもたちは、日本での定住か帰国かがはっきりしない中で、日本での進学も考えなければならない。その実状をふまえて、B校では外国人学校でありながら、日本語教育にはかなり力をそそぎ取り組んでいると校長は言う。体育や音楽の授業を日本語で行ったり、ブラジルやペルーの学校にはない、掃除や上履きに履き替えるなど、日本の学校特有の習慣が取り入れられていたりする。しかし同時に、母語教育や母語文化の教育もしていかなければならないので、日本語の教育はまだまだ足りていないという。そこで校長が強く主張するのは、外国人学校と公立の学校が協力していくことの必要性である。外国人学校は、母語教育や、母語文化を教えることで、子供たちのアイデンティティーを確立させることができるが、日本の学校の場合は、日本語の教育を充実させることができる。そこで、外国人学校と公立の学校がお互いの足りない部分を補い、お互いの特徴を活かすことが、子どもたちの将来のために必要であるという。

　また、リーマンショック後、1年間月謝を無料化するなど、出来るだけ子どもたちが学習の場を失わないように工夫してきた。「親の都合で来日する子どもは、何もわからず日本へ来る。子どもには何の責任もないのに、突然やってきた日

本で、しっかりとした教育が受けられないのは可哀相だ」と校長は語る。今後は、親の学ぶことへの理解と、経済的な支援が必要であると校長は述べた。

(3)　ブラジル人学校C校（訪問日　2012年11月6日）
　C校は東海地方に5校あるが、愛知県T市にある学校を訪問した。お会いした理事長は2007年から学校運営に関わったため、それ以前のことについてはあまり情報を得られなかった。
　C校は1995年、日系ブラジル人により開校された。2007年からは静岡県と愛知県で学習塾などを運営する総合予備校が学校の経営権を取得する。日本の教育関係機関が外国人学校の経営権を握るのは、初めてのケースである。2003年にブラジル教育省より小学校から高校の課程までの認可を取得し、経営権が移動した後の2009年に各種学校としての認可を受ける。現在は日本人の理事長が1名と5校それぞれに1名ずつブラジル人の校長が在籍している。2009年には準学校法人も取得している。
　訪問した2012年11月の時点で、T市の学校（以下、T校）には未就学の子どもから高校生までの約210名の子供達が通っていた。C校全体の児童生徒数は約550名であり、T校が最も多い。教員数は、C校全体で65人、T校で12名である。教員の中には5つの学校を行き来している方もいるそうだ。月謝は2万9千円から4万円で、別に送迎費などがかかる場合がある。学校時間は2部制となっており、9時から13時までの午前の部と、13時から17時の午後の部に分かれている。小学生までは希望者のみ1日学校にいても良いが、中学生以上は午前か午後のどちらかのみ学校に来て、後は自宅で勉強をすることになっている。建物は借り物である。清掃なども取り入れ、日本の学校ならではの習慣も導入しているそうだ。
　理事長の話によると、C校の高等部を卒業した子どもは大体半数が日本に残り、半数が帰国するそうだ。中等部を卒業した生徒で日本の高校へ進学する生徒はほとんどいない。C校には高等部があるため、そのまま高等部

へ進む生徒が多いからである。日本の高校へ進学するものはほとんどいないが、逆に日本の高校からC校の高等部へ編入してくる生徒はいる、と理事長は話した。日本の高校へ進んだが、学習についていけなかったり、環境が合わなかったりした場合、ブラジル人学校の高等部へ編入する場合もあるそうだ。

　リーマンショック後は児童生徒数が半減したそうだ。今後の発展について尋ねると、理事長は「子どもたちが大学まで行くこと、子どもたちが日本語を学べることというC校の理念を叶えるために、しっかり学習できる場を整えていきたい」と語った。C校では、クラス担任の他に教科担任をそろえており、教科ごとに教員が交代する。経済的な問題などで、十分な教員数を確保することが難しいブラジル人学校においては、珍しい例であり、複数の校舎を運営する学校だからこそできる体制であると考えられる。

　ブラジル人学校の多くは送迎での通学が一般的で、この学校にも送迎があるが、公共交通機関を利用して通学している子どもたちもいる。日本の各種学校に認可されているため、学割が適応されることに加え、社会性も身に着くので、良いことではないかと理事長は言う。

（4）　ブラジル人学校D校（2012年12月5日訪問）
　茨城県T市にある。1997年に、校長の姉が1997年茨城県S市において小さな2階建ての部屋で10名弱の友人の子どもを預かる託児所的な施設を立ち上げた。その後、徐々に子どもが増え始めたため、S市のプレハブ小屋のような施設に移動する。2001年にブラジル教育省の認可を取得し、2010年に、現在のT市の私立幼稚園だった建物を借りて、現在の校名に変更した。以前幼稚園として使用されていた建物は、プレハブなどの建物が多いブラジル人学校では珍しく、運動場もあるため、校舎の大きさは日本のブラジル人学校の中では1番だという。2001年にブラジル教育省の認可を取得しているが、学校名と住所が変更したため、小中高等学校課程においては現在再申

請中である。D校は各種学校と学校法人格は得ていないブラジル人学校である。

　訪問した2012年12月の時点で、D校には、6歳から18歳の子供76人が通っていた。5歳までの20人は別校舎に通っているという。教員数は12人であるが、その中には、週に数回や、半日のみの教員もおり、常勤の教員数は5人である。日本語担当の教員は全員日本人で、日本の教員免許を持っているという。これは他のブラジル人学校では見られない珍しい特徴であると思われる。学校時間は8時15分から17時までで、半日を日本語の学習時間にあてている。月謝は4万5千円であるが、実際は親との交渉により、3万5千円から4万円へ値下げしている家庭が多いそうである。その他、送迎代がかかる。

　中等部卒業後の子どもたちは、大体そのまま高等部へ進む。日本の高校へ進学した例は今までにないという。高等部卒業後の進路は3つある。1つ目は、日本に残り就職する場合であるが、親がしている仕事と同じような工場などで働くことが多いそうだ。2つ目は、帰国してブラジルの大学へ進学する。ブラジル教育省の認可を得ているため、能力があれば大学進学に関しては問題ないと言えるだろう。3つ目は、就職も進学もせず、日本に残り家にいる場合である。校長は3番目のケースが非常に問題であると語った。卒業後の進路については、現在調査中ということである。

　D校には最も多いときで約200人の子どもたちが通っていたが、リーマンショック後は、帰国や、公立学校への転入、自宅待機などで約5割減ってしまったという。これは親の仕事がなくなり、月謝が払えなくなったためである。そこでD校は、2009年と2010年の2年間を半日制にし、その分月謝を下げて1人でも多くの子どもたちが通えるよう工夫したという。2013年からは、学校終了時間を15時半に変更し、さらに時間を短くすることで月謝を安くして、より多くの子どもたちに通ってもらえる工夫をしていくようだ。今後の最も大きな課題としては、各種学校の認可と準学校法人格の取得であると校長は

話す。特に準学校法人格を取得することは、税金の免除や、子ども1人ずつに援助金がでるなど、メリットが多く、その分だけ月謝を下げることができる。様々な工夫をこらし、学校に通いたくても通えない子どもが1人でも多く学校に通えるように努力していく、と校長は語った。

　驚いたことの1つに、現在D校に通っている子どものなかには、栃木県の宇都宮市や小山市から通っている子どもがいたことがある。また、以前真岡にあったブラジル人学校に通っていた4人の生徒もその学校の閉校によって、現在D校に通っている。通学に1〜2時間かかる。このこととも関連するが、校長はD校の子どもは基本的に家庭と学校を行き来するだけで、日本人や日本の地域社会との接点が極めて限定されていることを挙げ、様々な交流事業の大事さについて語った。

(5)　フィリピン人学校E校（2012年11月7日および12月16日訪問）
　校名には英語で「フィリピン」の文字はないが、フィリピン人児童生徒を対象とする日本で唯一のフィリピン人学校である。E校は、キリスト教の団体によって1998年4月20日愛知県O市に設立された。設立に関わった人の述懐によると、E校は、夜中に公園で遊んでいたフィリピン人のこどもや不就学状態にあった子どもの緊急避難所的な施設としてスタートした。出稼ぎのために来日したフィリピン人のなかには、ビザの期限が過ぎても滞在する非正規滞在の人が多く、また、フィリピン人女性と日本人男性の間に子どもが生まれても、父親が認知しない結果、無国籍状態になってしまう子どももいた。1990年代末当時、愛知県内のほとんどの市は非正規滞在や外国人登録のない子どもたちの公立学校への入学を認めていなかった。そのため学校に行けない子どもたちは、繁華街の仕事で昼夜逆転の生活を強いられている親に合わせたような生活になり、昼間は家にいてテレビを見ていたり親が仕事でいない夜は子ども同士で繁華街の公園で遊んでいたりしていたようである。そのような環境下で不就学となっている子どもたちが多くなったことから、

基礎的な教育を行い、子どもたちの安全も守ることができる「緊急避難的な施設」が必要と判断したキリスト教の団体がE校を開設した（NPOヒロバ、2012）。正確なことは分からないが、E校は開設から2000年代後半までに約300人の子どもを受け入れたようである。年平均10数名だと思われる。

開設当初の背景から、E校は長い間非正規滞在のフィリピン人の子どもを専ら受け入れており、その存在が発覚しないようにひっそりと運営することを余儀なくされた。これは、他の外国人学校には見られない特徴である。その結果、地域の人々や企業からの援助がない状態での厳しい運営が続いた。ある時非正規滞在であったE校の子どもの保護者の1人が摘発された際に「自分の子どもは今学校にいる」と発言してしまったことから、その存在が発覚しそうになったことがあった。その時は何人もの非正規滞在の子どもたちを守ることに大変苦労されたという。幸いにも、学校を閉鎖させるための法律は存在しないこと、多くのフィリピン人児童生徒を一斉に摘発するということには人道的に批判も出るだろうということから、E校の存在が発覚しても閉鎖に追い込まれることはなく、黙認されてきたという。

児童生徒数の変化を見ておくと、1990年12月1日時点では4歳から16歳の約20人が在籍していた（岩本，2000）。2005年9月時点では、4歳から11歳までの約20人が在籍していた（鄭，2006）、今回訪問した2012年11月現在では、4歳から12歳の14人が在籍していたが、4歳から6歳が大半を占める。現在、5人ほどの入学希望者が待機しているとのことである。毎年女の子の生徒が多く、現時点でも14人中11人が女の子であった。こどもの在籍状況は非常に流動的であるという。学期や学年に関係なく入学を希望する生徒は受け入れるようにしている反面、家庭の事情で急に学校を辞めてしまう子どもも少なくなく、月ごとに在籍数が異なることがある。学校を辞めてしまう理由としては、やはり保護者の仕事の都合が大きく関係する。日本に出稼ぎに来てある程度お金をためることができ帰国するケースもあれば、非正規滞在の保護者が警察に検挙され強制的な国外退去処分を受けた

ケース、単純労働や水商売（パブ）といった収入が不安定な仕事のため突然職を失ってしまうケース、また、収入が不安定な親を助けるために子どもが働き出してしまうケースなどが過去にあった。現在では、オーバーステイをしている家庭はなく、途中で働きに出て行ってしまう子どもも減ったため、比較的毎年3月に卒業という形がとれているようである。

　教員についてみると、1999年時の教員数は、教会の職員なども含めて日本人5人とフィリピン人3人の計8人であり、有給の人もいればボランティアの人もいた（岩本, 2000）。2005年の段階では、教員数は日本の学校の元教員の日本人や非常勤のフィリピン人1人を含めた10人であった（鄭、2006）。今回訪問した時点でE校の教員は、有給で働いているフィリピン人1人と日本人のボランティア12人、計13人から構成されている。

　E校の卒業生の進路であるが、以前は、日本に出稼ぎに来た親とともに数年日本で暮らし、E校で基本的な学習をしてフィリピンに帰国する子どもの割合の方が多かったが、現在では定住化、永住化する家庭が増えたため、E校を介して日本の学校へ入学する子どもが増えている。そのため授業も言語面において、フィリピノ語が中心であったが日本語に力を入れるようになっている。言語だけではなく、フィリピンに帰ることを前提とする子どもが多かった数年前までは、フィリピン関連のことを重点的に教育する方針であったが、現在では日本に長期滞在することを考える家庭が多いため、子どもが日本の学校に馴染めるような教育方針となっている。

　E校の卒業生が日本の学校に通い始めたのは、2003年に名古屋市教育委員会が「外国人登録のない子どもの就学を認める」という方針を出したことがきっかけである（鄭、2006）。この意義は非常に大きく、2005年4月にはE校を卒業した5人の子どもたちが初めて名古屋市内の公立中学校に入学した。

　授業料は1か月2万円である。子どもたちの親の収入が安定せず、長期にわたって未納となる家庭もあったという。しかし最近は、以前に比べて安

定的に月謝を払うことができる家庭が増え、大きなトラブルは起こっていない。学校の運営資金のなかで授業料が占める割合は小さく、8割は寄付及び別事業の収入に依ってきたという。E校への寄付とは、数社の企業によるCSR（企業の社会的責任）の一環としての寄付金、教会を訪れる人や一般市民による「E校を支援する会」への寄付金がある。学校の運営資金のうち、全体の約1割がこの「E校を支援する会」への寄付金によって賄われている。別事業の収入とは、主に教会が行っている日本人の子どもを対象とした英会話教室や子ども造形教室といった事業の収入である。フィリピン本国および日本政府からの継続的な経済的援助は皆無であるため、運営には常に頭を抱えているという。

　最後に、E校が現在抱えている問題を1つ紹介しておく。現在生徒たちは学校の所有するスクールバス（ワゴン車）で毎朝自宅前まで迎えに来てもらって登校しており、この送迎体制がE校の売りとなっているそうである。スクールバスの利用は、公共交通機関で通学する場合に比べて経費が安くてすむため、保護者の経済的負担を軽減させている。新たな問題としては、スクールバスは乗車人数が13人であるが、現在14人の生徒を抱えているため飽和状態であるということである。このこともあり、現在E校に入りたいと申請している5人の子どもたちに関しては、入学を保留の状態にしている。バスをもう少し大きいものに変え、より多くの生徒が乗車できるようにすることができれば良いが、経営的に厳しいことと、子どもの移動が頻繁で毎月といっていいほど在籍人数が変化する学校であるため、大型バスを購入しても、生徒が極端に減少してしまった場合それが無駄になりかねないという不安もあり、なかなか通学面の問題は解決できていないという。

おわりに

　日本で暮らす外国人の子どもにとって、母語を用いて母国の勉強ができる外国

人学校は、有力な教育選択の1つである。伝統的な中華学校や朝鮮学校に通う子どもたちの大半は日本に暮らし続けるが、それらの学校で母語や母語文化を学ぶ。ニューカマー系外国人学校に通う子どもにとっては、全体的に日本での滞在の長期化や定住傾向が強まっているとはいえ、帰国の準備に向けた母語・母語文化の学習という性格が未だに強い。B校、C校、D校では、高等部卒業後の進路は帰国と日本での滞在がほぼ半々であった。A校では、卒業生の9割は帰国したとの回答であった。

　今回、学校訪問と校長や理事長からお話を聞かせていただく機会を得た5校の事例を取り上げた。いずれも学校運営が厳しいという共通点があるが、南米系学校とフィリピン人学校では発足の経緯や性格が大きく異なるので、分けて小括としたい。

　ブラジル人学校と南米系学校では、経済的に厳しい状況であることは4校とも同じであった。この根本的な理由は、外国人学校が日本の正規の学校とは認められない制度上の問題にある。このため、学校の運営資金は授業料に大きく依存することになる。2001年3月から2008年10月までの約8年間で11校のブラジル人学校が閉鎖している。B校の校長は一度閉校を決意している。そして、リーマンショック後の2008年10月以降の1年間では、16校ものブラジル人学校が閉鎖している。不況は大半が非正規雇用の派遣労働者として働く南米系労働者の職をまず直撃する。そして、帰国や経済的な理由で児童生徒の数が減少することは、行政的な支援が非常に限られている中で、学校経営を直撃するのである。4校ともリーマンショック後、子ども達の数はおおよそ半減し、学校の存続に関わるような大きな影響を受けた。4校が、月謝の無料化や値下げ、教員の給料削減、学校時間の短縮など、様々な工夫をこらし、学校運営を図ってきたことが理解された。聞き取りからは、ひとりでも多くの日本にいる外国人児童生徒に学習の場を提供したいとの関係者の想いを感じることとなった。

　外国人学校が減ることは、子どもの就学機会を厳しいものにし、奪うことにもつながる。栃木県真岡市にあったブラジル人学校が2009年に経済的理由により

閉鎖したが、そこに通っていた児童生徒のうちの4名は、茨城県のD校まで何時間もかけて通っている現実がある。外国人学校は全国的に少ないので、遠くまで通わないといけない場合が多いであろう。

　外国人学校が日本で生き延びていくためには、各種学校の認可と準学校法人格の取得が不可欠であると思われる。B校は2004年に南米系の学校としては初めて各種学校の認可を得た。現在では14校の南米系外国人学校が各種学校に認可されている。全体的に厳しい状況には変わりはないが、各種学校の認可基準が緩和されたことは、南米系外国人学校にとって、明るい兆しだったのではないだろうか。その背景には何度も行政にかけあった外国人学校運営者や外国人学校を支援する団体の協力など、行政を動かそうと行動した人々の大きな努力があったと思われる。ただし、制度上の壁は厚く、大きな変化は早急には望めない。この点を踏まえると、企業や非営利の団体などの外国人学校への支援の重要性が浮かび上がる。B校は地元企業からの寄付を受けたことで、閉校の危機から免れた。行政では支えきれなかった部分を、地元企業が支えた事例である。

　帰国する子どもたちの進路を考えると、本国政府による学校としての認可は決定的に重要であろう。繰り返しになるが、本国からの認可を受けることの利点としては、本国に帰国し編入する際に編入試験が免除される点や、帰国した際に進学が可能になる、あるいは就職が有利になることなどがある。現在、ブラジルの教育省に認可されている学校は44校であり（B校を含む）、現存するブラジル人学校の6割前後と思われる。この点は、本国政府の方針や動向を見守る必要がある。本論で取り上げた4校では、2校が認可を受けており、2校は認可申請中であった。

　また、今回の訪問を通して、外国人学校同士や外国人学校と日本の学校間の横の繋がりが不足していると感じられた。外国人学校はそれぞれ、その学校ならではの特徴や強みを持っているため、それらの情報を外国人学校同士が共有することができれば、子どもによりよい教育環境を提供することができるのではないだろうか。そして、日本で暮らすためには最低限の日本語能力や、日本の文化を

知ることも重要である。外国人学校と日本の学校が連携をはかることで、さらによい環境を整えることが可能になるのではないかと考えられる。

　フィリピン人学校は、非正規滞在や親の不規則な就労形態を背景に不就学状態にあった子どもたちを救済することを目的に緊急避難的な施設として立ち上がった学校である。E校の実態としては、まず、設立当時は主に非正規滞在の子どもを受け入れており、その存在が見つからないような運営を行っていた。当然、各種学校の認可申請という話にはならない。教会が行っている救済事業の一環としての位置付けや性格が強いものであった。そして、在籍する児童生徒の変動が激しいという特徴があった。平均在籍児童生徒数は10数名でサイズは小さいが、不就学状態にある子どもの安全性を確保し、基本的な教育を提供してきたことの重要性は極めて大きかったと言える。授業料が学校の運営資金に占める割合は小さく、寄付や協会が行う事業収入が学校を主に支えてきた。現状としては、現在は4歳から6歳の幼い子どもを対象に日本語及びフィリピノ語の教育を行っており、教育方針は子どもたちがフィリピンに帰国することを前提とするものから日本に定住化することをふまえたものへと変化している。E学校から日本の学校へ編入するケースも増えているようであり、日本の学校へ入る前のプレスクール的な性格を強めていると言えるのかもしれない。また、全国的に非正規滞在者は減少傾向にあるが、E校でも現在非正規滞在の子どもは在籍していない。

　学校はそもそも国や自治体からの行政支援がなければ成り立たない。外国人学校を制度的な教育保障の枠外に置いてきたことの問題性を見つめながら、外国人学校支援の在り方を多面的に検討していくことがより一層問われよう。

参考文献

- 岩本和則「ジェンダー／エスニシティからの視点　外国人の子どもの教育と人権－ジュビリー二〇〇〇子どもキャンペーン二年間の歩み」　日本寄せ場学会年報『寄せ場』14号、2000年
- 拝野寿美子『ブラジル人学校の子どもたち』ナカニシヤ出版、2010年
- 外国人人権法連絡会『外国人・民族的マイノリティ人権白書』明石書店、2010年
- 高賛侑『国際化時代の民族教育』東方出版、1996年
- 鄭茂憲「国際子ども学校　フィリピンの子どもを救いたい」月刊『イオ』編集部編『日本の中の

外国人学校』明石書店、2006 年
・末藤美津子「外国人学校研究の課題」福田 誠治・末藤 美津子編『世界の外国人学校』東信堂、2005 年
・朴一「外国人学校と多文化共生」解放教育研究所編『解放教育』No.527、2011 年
・福田 誠治「戦後日本における外国人のこどもの教育と外国人学校問題」福田誠治

参考論文・資料・サイト
・菅原里紗「在日ブラジル人学校の存続にはどのような支援が必要か－企業による支援活動に目を向けて」宇都宮大学国際学部 2012 年度卒業論文
・本望茜「南米系外国人学校が抱える問題－さらなる発展に向けて」宇都宮大学国際学部 2012 年度卒業論文
・山本可奈「国際子ども学校 ELCC の 14 年間－在日フィリピン人の特徴と学校の現状－」宇都宮大学国際学部 2012 年度卒業論文

・学校教育法（2012.12.30 アクセス）
　< http://law.e-gov.go.jp/htmldata/S22/S22HO026.html >
・TS　Public　（2012.1.7 アクセス）
　< http://tspublic.jimdo.com/ >
・専門学校（専修・各種学校）制度（2012.12.30 アクセス）
　< http://homepage3.nifty.com/shikyoren/senmongakko.htm >
・私立学校法（2012.12.30 アクセス）
　< http://law.e-gov.go.jp/htmldata/S24/S24HO270.html >
・準学校法人設立・各種学校認可取得に関する具体的な支援のあり方（マニュアル）（2012.12.30 アクセス）
　< http://www.clair.or.jp/e/multiculture/tagengo/docs/1_japanese.pdf >
・駐日ブラジル大使館　在日ブラジル人学校（2012.12.30 アクセス）
　< http://www.brasemb.or.jp/culture/study_school.php >
・文部科学省　インターナショナルスクールまたはブラジル人学校のある都道府県における各種学校設置認可基準比較表（2012.12.30 アクセス）
　http://www.mext.go.jp/component/b_menu/shingi/toushin/__icsFiles/afieldfile/2012/04/05/1319327_01_2.pdf >
・毎日新聞　2007 年 12 月 17 日（2012.12.30 アクセス）
　< http://international.shiga-saku.net/e148325.html >
・文部科学省　ブラジル人学校等の実態調査研究結果について（2013.1.7 アクセス）
　http://www.mext.go.jp/b_menu/houdou/21/03/__icsFiles afieldfile/2009/04/17/1259580_1.pdf >

・「国際子ども学校を支援する会」ニュースレター 『クムスタ・カ』 第46号
　http://www.nic-nagoya.or.jp/japanese/nicnews/archives/52　（2012/11/2）
・企業CSR・社会貢献活動｜NPOヒロバ　ファイザー株式会社
　http://www.npo-hiroba.or.jp/company/id_32_06_10.html　（2012年9月4日）

第Ⅱ部　外国人児童生徒教育問題の諸相

第6章　「地域のグローバル化」に向き合う

はじめに

　宇都宮大学HANDSプロジェクト（以下、HANDS）は、2010年度より文部科学省特別経費プロジェクト（「グローバル化社会に対応する人材養成と地域貢献－多文化共生社会実現に向けた外国人児童生徒・グローバル教育の推進～」）として開始された。主に、外国人児童生徒教育支援のための地域貢献事業とそれを支える実践的な研究から構成されている。HANDSの開始は、「地域からのグローバル化」とともに「地域のグローバル化」という課題を重視する国際学部の教育・研究理念と深く関わっている。総務省は2006年に「国際交流」、「国際協力」に次ぐ国際化の第三の柱として「多文化共生プラン」を打ち出したが、国際学部は2004年から外国人児童生徒教育問題に関する組織的な研究プロジェクトを立ち上げた。本章では、「地域のグローバル化」に向き合うことの意義や重要性を、学部のミッションおよび近年強く主張されている「グローバル人材」育成に引き付けて議論する。

第1節　新構想学部としての国際学部

　新構想学部とは、簡潔に言えば、文系、理系といった伝統的な枠組みや個別のディシプリン（専門的学問領域）の枠組みを超えた学際的、総合的、融合的な性格を持つ学部のことをさす。1995年に設立された新構想学部フォーラムに参加している国立大学は16であるが、このうちの10大学の学部が1992年度以降に設置されたものである[注1]。このような学部が誕生した背景としては、1991年に「大学設置基準の大綱化」が制定されたことが大きい。「大綱化」とは、「個々の大学が、学術の進展や社会の要請に適切

に対応しつつ、その教育理念・目的に基づく特色ある教育研究を展開できるように実施された学校教育法、大学設置基準など関連法令の大幅な改正」(『高等教育質保障用語集』)をさす(注2)。この大綱化によって、いくつかの国立大学で教養部が解体され新構想学部が誕生することとなった。宇都宮大学国際学部もこの1つである。

2011年度に開催された第17回のフォーラムに参加する機会があったが、そこでは、「新構想学部における評価」を全体テーマとして、報告と質疑が行われた。このテーマ設定の趣旨は、以下のように整理できる。新構想学部は、複雑化する現代的課題を克服し新たな人間社会を希求しようとする社会的要請と呼応しつつ、多様な学際的・総合的な研究の芽を創出して、質量ともに一定の成果を上げてきた。しかし、学部構成員の専門分野は多岐にわたり、その特徴を活かした既存学部との差異化は容易ではない。そして、新構想学部の努力や成果は、既存領域を主な枠組みとする評価システムの中にあって、必ずしも正当な評価を受けていない。このような状況のなかで、「大綱化」以降20年という節目を迎えた新構想学部は、昨今の大学評価に関わってどのような問題を抱え、それを克服しようとしているか、この点について情報や意見を交換し合って、新構想学部の今後を構想することが必要である、と。

(注1) 参加大学は、京都大学総合人間科学部(1992年度)、名古屋大学情報文化学部(1993年度)、神戸大学国際文化学部(1992年度)、群馬大学社会情報学部(1993年度)、岡山大学環境理工学部(1994年度)、宇都宮大学国際学部(1994年度)、静岡大学情報学部(1995年度)、岐阜大学地域科学部(1996年度)、佐賀大学文化教育学部(1996年度)、長崎大学環境科学部(1997年度)、広島大学総合科学部(1974年度)、東京大学教養学部(1949年度)、岩手大学人文社会科学部(1977年度)、三重大学人文学部(1983年度)、徳島大学総合科学部(1986年度)、福島大学行政政策学類(1987年度)である。括弧内の年度は設置年度を示している。

(注2) この大綱化によって、従来詳細に定められていた教育課程などの基準の詳細の部分が削除され、基準の要件が緩和された一方で、教育研究の質の保証を大学自身に求めるという方針の下、大学による自己点検・評価が努力義務と定められた。この大綱化の動きは、後の認証評価制度の創設の契機となった(同用語集)。具体的には、従来の一般教育と専門教育の区分および一般教育内の科目区分(一般、保健体育、外国語)やそれぞれに必要な単位数が廃止され、各大学は4年間の学部教育を自由に編成できることとなった。

新構想学部の教育目標や教育内容は、一般的に言って、外から見えにくい。国際学部に対しても、「国際学とは何ですか」とか「国際学部はどういう学部ですか」という基本的な問いが度々投げかけられるが、明解に答えることはなかなか難しい。ここでは、1990年代末に刊行された新構想学部に関する実態調査報告書と「グローバル人材」育成に関連する最近の議論との関連を中心にして、国際学や国際学部の課題について考えてみたい。

第2節　新構想型学部の実態調査より

　科学技術庁科学技術政策研究所が1998年に『大学における新構想型学部に関する実態調査』という報告書を刊行している。すでに10年以上も前の資料ではあるが、新構想学部の現状や今後を考えるうえで興味深い調査結果が掲載されている。いくつか要点を整理しておきたい。

　報告書は、文部科学省（当時は文部省）の『学校基本調査』を使って学部入学志願者数や学部入学者数などの統計データをまとめたものと、学部の実態に関して行ったインタビュー調査の結果の報告から構成されている。まず、『学校基本調査』に記載されている大学から、学部名に既存学部の枠を超える学際性や総合性を示すと考えられる「総合」、「人間」、「情報」、「コミュニケーション」、「環境」というキーワードを使っている学部を新構想型学部として位置づけ、国公立大学15大学16学部、私立大学34大学36学部がそれにあたるとしてリストアップされている。そして、このうちの74%が1992年度以降に設置されており、「大学設置基準等の大綱化」が顕著な影響を与えたことが確認されている。「国際」や「地域」はキーワードとして取り上げられていないため、新構想学部フォーラムに参加している本学の国際学部や岐阜大学の地域科学部などはリストから漏れている。この点も含め、学際性、総合性、融合性を特色とする学部のすべてがリストアップされているわけではないこと、また逆にリストアップされた中に「新構想型」に該当しない学部

も一部含まれている点に留意が必要である。

　49大学52学部のうち、学部から卒業生が出ている（又は出る）ことを条件として、7大学8学部が選定され、「学部設立の経緯」、「学部としての新たな試み」、「授業形態」、「学生の質」、「学生の卒業後の進路」、「学部と学生間のミスマッチ」、「学生と企業間のミスマッチ」、「学部の今後の課題」、「その他」の事項について、インタビュー調査が行われた。以下のような実態や問題点が明らかになっている。

・新構想型学部は学際領域の社会問題を解決するという要請に応えようとするものであり、大きな期待が寄せられている学部である。しかし、学際という新しい領域の学問をどのように発展させていくかについて学部内での理解は十分ではなく、各学部が試行錯誤している状況がある。

・新設された学部の多くは学際的な学部であり、その学際化の手法はマルチディシプリナリである。マルチディシプリナリとは、学部内に大きな柱として何らかのテーマ（総合、人間、情報、コミュニケーション、環境、国際、地域など）を中心に据えて、それに関連する複数の学問分野を関連付けたカリキュラム編成により、学生が複数の学問分野を学び、学生自身の中でそれらを融合する手法である。これに対し、1つの学部で学際の理念に基づいて複数の学問分野を融合して教育を行うインターディシプリナリという手法があるが、これはまだ極めて少ない。

・新構想型学部の学際の試みには3つある。1）在学中に出来るだけ多くの分野の学問を学ばせ、卒業後、社会の変化に臨機応変に対応していくことの出来る学生を育てる、2）学生自身が問題意識を持ち、自分でその問題解決を行うことが出来る問題解決型の学生を育てる、3）学部内の教員が具体的な社会問題を念頭に置いて学際的な問題意識を持って共同で研究を行い、その問題解決に取り組む。3)については実際に行われている例は少ない。

・新構想型学部を志願する学生のタイプは大きく2つに分かれる。1）高校時代から明確に大学では学際教育を受け、将来は学際領域の研究や仕事

を行いたいと思って入学してくるタイプ、2）高校時代には自分の将来について明確な希望を持たず、受験テクニックや地の利、新設学部としての魅力に惹かれて入学してくるタイプ。2）のタイプが多いが、1）のタイプが増えてきていることが指摘されている。

・新構想型学部の大きな利点は、特定の専門領域にとらわれずに自分の視野を広げ、そのなかから自分のやりたいことを見つけ出し、それについて学習していくことが出来ることである。上記の1）のタイプや在学中に進路について意思決定出来た学生は新構想型学部の利点を大きく生かせるし、多種多様な分野への就職が決まっている。反面、意思決定できない学生には、この利点が不利になることもある。したがって、学生自身の意思決定を支援するための対応策を充実することが特に問われる。

・新構想型学部の実態が十分に理解されていないことに起因するミスマッチが存在する。学部と学生間のミスマッチとしては、学生のインターディシプリナリな教育への期待とマルチディシプリナリな学部が圧倒的に多い実態との間で生じるものがある。学生と企業のミスマッチとしては、就職活動時に新構想型学部の社会的認知度の低さや企業の既存の文系・理系といった縦割り構造的な考え方によって不利を被る学生がいる点があげられる。

・新構想型学部の学生は複数の学問分野を学ぶ以上、特定の専門分野における学問レベルがそれほど上がらない点はやむを得ない。学際教育の専門性を追究するにはインターディシプリナリの学部の増大や学際教育が行える大学院の存在が重要となる。

　調査から明らかとなった以上のような実態と問題点は、本国際学部の現状と課題を確認し、考えるうえでいろいろと参考になる。まず、学部の教育はマルチディシプリナリな手法に基づいている。30数名の教員の専門分野は多岐に渡っており、学生は複数の専門分野を学ぶことで幅広い知識を身につけることが出来る。また、問題解決型の学生を育成することが学部教育の大きな目標であることは共通理解されていると言える。学部教育が目指す

のは「ディシプリンの専門家」ではなく、「問題から出発した専門家」の育成である[注3]。学生は、研究する問題を発見・設定し、その分析のために複数のディシプリンの習得を目指すのである。このような専門性の追究は新構想学部の教育目標としてほぼ共通するものがあるであろう。したがって、教員は、このような学部のマルチディシプリナリな性格を学生に十分理解させる必要がある。

　課題として、さしあたり2点指摘しておきたい。上記の調査結果で、インターディシプリナリな研究や教育は極めて少ないことが指摘されているが、国際学部も同様の課題を抱えていると思われる。学部には多様な分野の専門家が集まっているので、複雑化する社会問題をテーマとして学際研究を行う基盤はある。学部としての基本はマルチディシプリナリであっても、教員自身がインターディシプリナリな研究に取り組み、自身の専門領域拡大に向けた努力をすることが問われよう。また、「学際という新しい領域の学問をどのように発展させていくかについて学部内での理解は十分ではなく、各学部が試行錯誤している状況がある」との指摘も、国際学部の現状に当てはまると思われる。国際学という学問の体系化については、そもそもそれは難しいという意見も含めて、様々な意見と立場があり、共通理解を図ることは容易ではない。しかし、ますます加速するグローバル化の中で、国際学のあり方、意義、方法論などが改めて問われるようになっていることは確かである。

(注3) 百瀬は、国際関係学や国際学という呼称のもとに日本で発展してきた研究教育体系の方法において学際性の獲得が決定的に重要だと捉えるとともに、その専門性を「総合の中の専門化」に求めている。既成の学問の専門性はディシプリンにあるが、総合的な科学としての国際関係学や国際学が目指すのは、問題から出発した専門家である。このような専門性の追究は新構想学部にほぼ共通してみられるであろう。なお、自分が関わってきた社会学や地域研究もこのような特徴を強く有する学問である。これらは、多様な研究対象・目標・方法を持っており、認識主体である個人が自ら問題（対象・目標・方法）を設定しなければ研究自体が始まらないという特徴を共有している。

第3節　国際学部の歩み

　国際学部は、国際化・多様化に伴って様々な地域で生起する諸課題に対し、言語運用力を基盤とする異文化理解能力に基づいて、学際的な視点から分析・解決できる人材の育成を大きな目標に掲げてきた。1994年度の学部発足から10年後に、国際学部の教育成果を検証する作業を行い、その結果を『国際学部の十年』としてあらわした。実施した卒業生へのアンケート調査の質問項目「特に身についたもの」に対する回答では、異文化理解能力と言語・コミュニケーション能力が上位を占め、教育目標がおおむね達成されたことを示している。

　しかし、国際学部の歩みの中で、いくつかの課題が浮き彫りにもなった。その1つは、国際協力・国際貢献など「外の国際化」に対して「内なる国際化」に対する関心が相対的に低かったこと、および世界的な課題とともに「地域の国際化」の課題を教育研究する体制の整備が不十分だったことである。この点を踏まえ、国際学部は、2004年度から、宇都宮大学重点推進研究として、外国人児童生徒教育問題に関する研究プロジェクトを本学部教員の分野横断的な研究として開始した。本プロジェクトは、国際化する地域の中で、外国人児童生徒教育と日本人児童生徒の国際理解教育の現状を認識し、その改善に向けた人材育成と地域貢献を推進しようとするものであった。本プロジェクトは、2007年度より、本学特定重点推進研究として、教育学部との学内連携、県内主要地域の教育委員会・小中学校との学外連携の強化を軸に、研究内容を拡大・深化させた。

　また、地域の拠点大学である本学の国際学部が教育研究資源を有効活用し、地域の国際化に応えるための教育研究拠点を構築することの必要性が強く認識されるようになった。この認識は2008年度の多文化公共圏センター（2011年度より国際学部附属多文化公共圏センターに改称）の設置に結実している。多文化公共圏センターは、栃木県内外の自治体・教育委員会・国際

交流協会・市民団体等（NGO／NPO を含む協賛団体）とネットワークを形成し、実践的諸課題を解決することを大きな目的に設置されたものである。宇都宮市と日光市における多文化共生に関する住民（日本人・外国人）意識調査、「グローバル教育」の推進、多文化共生と「グローバル化する世界の諸問題」に関する連続市民講座・シンポジウムの開催などに関わる諸事業を精力的に行ってきている。

　言語運用力を基盤とする異文化理解能力の向上を目標とするプログラムとしては、2009 年度文部科学省「大学教育充実のための戦略的大学連携支援プログラム」に採択された「地域の大学連携による学生の国際キャリア開発プログラム」（2009～2011 年度）が特筆される。このプログラムは、白鴎大学・作新学院大学との連携のもとで、国際分野で活躍できる実践的能力を身につけるために、専門家からインスピレーションを得て、自らの将来像を描き、それに至る階段「キャリアパス」を明確化しながら、専門知識を学ぶと共に実践的な英語教育を受け、国内と海外でインターンシップ（実務研修）を経験するためのカリキュラムを用意している。これまで、全国 40 を超える大学から学生が参加している。

　HANDS の諸事業や「国際キャリア開発プログラム」のカリキュラムは、国際学部の教員が学内外の関係者との協力・連携を基に、言語運用力を基盤とする異文化理解能力に基づいて地元地域や国際分野で活躍する人材を育成することと、地域の喫緊のニーズにこたえる地域貢献としての性格を持つものであり、インターディシプリナリな教育に近い性格を持っていると言える。このようなプロジェクトをどのように発展させていくかが今後ますます問われよう。

　国際学の学問的体系化に関して言えば、国内外の様々な地域の国際化・多様化の問題を体系的に捉える視点が不可視であろう。国際学と地域研究は現代世界を総体的にみるための車の両輪である。国際的事象を学際的・総合的視点からとらえる国際学的研究は諸地域という具体的な場を通じて初

めて可能になる。そして、地域研究は、ある地域の個別的・特殊的性格を総体的に理解し、「相互理解」や「相互の文化」を知ることを目的とする研究行為である。この目的に照らした場合、本学部が追究してきた教育研究が国際学・地域研究のそれぞれの体系化と両者の関係についての理論的な整理の面で不十分さを残してきたことは否定できない。国際学構築のための組織的な研究に関する論議がまだ途上だと言い換えても良い。特に「社会学科」と「文化学科」の2学科制の下で、「社会」と「文化」を並列してきたことは、国際学と地域研究の総合的な体系化を難しくする要因となってきたと考えられる。「国際」と「地域」並びに「社会」と「文化」を融合する新たな学問体系とそれに基づく教育カリキュラムの改善が強く求められていると言えるだろう。

第4節 「グローバル人材」育成の議論

2010～2011年にかけて、高等教育における「グローバル人材」の育成が急務であると主張する国レベルの報告書がいくつか刊行された。『報告書～産学官でグローバル人材の育成を～』（産学人材育成パートナーシップグローバル人材育成委員会）が2010年4月に、『産学官によるグローバル人材の育成のための戦略』（産学連携によるグローバル人材育成会議）が2011年4月に出された。次いで同年5月に「グローバル人材育成会議」が設置・開催され、関係者による数度の協議を経て、6月に『グローバル人材育成推進会議　中間まとめ』が出されている。この会議の構成員は、内閣官房長官と国家戦略担当・外務・文部科学・厚生労働・経済産業大臣である。これらの報告書の認識や主張には大きな差はないため、一括して「グローバル人材育成推進報告書」としておく。そこで示されている人材像は、国際学部が目標としてきた人材像と重なるところがあり、学部の今後の人材育成の目標を考えるうえで、それらの要請に向き合うことは不可避の課題であろう。

もっとも、グローバル人材育成の課題は急に浮上したわけではない。2000年11月に大学審議会が「グローバル化時代における高等教育の在り方について（答申）」（以下、答申）を出したが、この答申では、グローバル化する時代において高等教育が目指すべき改革の方向の1つとして、「グローバル化時代を担う人材の質の向上に向けた教育の充実」があげられている。「グローバル化時代を担う人材」に求められるのは、「地球社会を担う責任ある個人としての自覚の下に、学際的・複合的視点に立って自ら課題を探求し、論理的に物事をとらえ、自らの主張を的確に表現しつつ行動していくことができる能力」であり、「深く広い生命観や人生観の形成、自らの行為及びその結果に対する深い倫理的判断と高い責任感を持って行動する成熟度」である。この能力を育成することが教育活動の基本として位置付けられ、そのうえで、「自らの文化と世界の多様な文化に対する理解の推進」、「外国語によるコミュニケーション能力の育成」、「情報リテラシーの向上」、「科学リテラシーの向上」が必要とされている。参考までに、答申は、これ以外の改革として、「科学技術の革新と社会、経済の変化に対応した高度で多様な教育研究の展開」、「情報通信技術の活用」、「学生、教員等の国際的流動性の向上」、「最先端の教育研究の推進に向けた高等教育機関の組織運営体制の改善と財政基盤の確保」の4つをあげている。

　さて、グローバル人材育成推進会議（2011年5月）の開催趣旨では、「我が国の成長を支えるグローバル人材の育成とそのような人材が育成される仕組みの構築を目指し、とりわけ日本人の海外留学の拡大を産学の協力を得て推進する」と書かれており、日本人の海外留学の拡大が大きな課題と位置付けられている。この点も含め、「グローバル人材育成推進報告書」の内容の特徴をまとめておこう。

　答申からほぼ10年がたち、「グローバル人材育成推進報告書」が出されたわけだが、「グローバル人材」の定義に大きな変化はない。「グローバル人材」とは、「日本人としてのアイデンティティを持ちながら、広い視野にたって

培われる教養と専門性、異なる言語・文化・価値を乗り越えて関係を構築するためのコミュニケーション能力と協調性、新しい価値を創造する能力、次世代までを視野に入れた社会貢献の意識などを持った人間」(『産学官によるグローバル人材の育成のための戦略』3頁) である。「グローバル人材」に求められる具体的な能力・要素としては、①語学力・コミュニケーション能力、(2) 主体性・積極性、チャレンジ精神、協調性・柔軟性、責任感・使命感、(3) 異文化に対する理解と日本人としてのアイデンティティの3つが挙げられている (『まとめ』7頁)。(2) の要素は「社会人基礎力」と言い換えることが出来る (『報告書〜産学官でグローバル人材の育成を〜』33頁)。(3) に関しては、『報告書〜産学官でグローバル人材の育成を〜』では「異文化理解・活用力」と表現されている。「異文化理解・活用力」は、「異文化の差」を認識し興味・関心を持って柔軟に行動することに加え、「異文化の差」をもった多様な人々の中で自分を含めたそれぞれの強みを認識し、それらを引き出し、相乗効果を生み出して、新しい価値を生み出す能力とされる (同上、32頁)。異文化理解能力はこのような活用力を含むべきとの主張は重要で、受け止めるべきである。

「答申」と「グローバル人材育推進成報告書」の大きな違いは、後者においては、日本企業と日本人(特に若者)の現状に対する産業界と政府の危機感が色濃く出ていること、また、期待される「グローバル人材」とは主に海外に進出した日本企業の活動を支える人材としての位置づけが鮮明に出されていることであろう。

以下のことが主張される。まず、日本の国内市場の規模の縮小、内需の限界、日本を取り巻く経済構造の変化のなかで、「日本企業のグローバル化を推進することが、激しさを増す国際的競争環境のなかで日本が生き残る条件」である。そして、そのためには海外市場(特にアジアの新興国市場)に目を向ける必要性がある。しかし、企業のグローバル化を推進する役割を担う国内の人材不足が深刻化している。この背景には、低水準な日本人の語

学力と国際経験、低迷する若者の海外志向、新興国での就労に対する低い受容性、アジアや新興国での就労に関する企業側と学生の意識との乖離といった諸問題がある。例えば、TOEFL各国別比較（トータルな点数）では、日本は、中国、香港、インド、韓国、シンガポール、台湾に劣っている（データは2009年）。2004年以降、海外へ留学する日本人学生の数は減少に転じている。海外勤務を望まない若手社員は2000年には3割程度だったが、2010年度には5割程度まで増加した。そして、企業はアジアを重視したグローバル戦略を重視しているのに対し、学生が働きたい国・地域は欧米中心であり、両者の間にミスマッチが見られる。このような状況の中で、学校教育（特に大学）と社会全体（企業と国）でグローバル人材を育成する仕組みを構築する必要がある。若者の「内向き志向」は若者の志向のみに起因する問題ではなく、海外に興味や関心を向けさせる教育上の工夫が必要であるし、留学することが様々なリスクにつながらないように企業は採用活動や雇用慣行を抜本的に改善・充実させる必要がある。

　大学の最も重要な役割は、世界の学生にとって魅力ある高等教育を提供することと、日本人学生の海外留学を推進するとともに優秀な外国人留学生を確保するための環境整備に求められており、そのための具体的な方策が「国際的な通用性を確保し、魅力ある教育を提供する」、「大学自体をグローバル化する」、「日本人学生の海外留学を後押しする」、「優れた外国人留学生を獲得する」、「他国の大学づくりを支援する」という事項のもとに整理されている。

　以上のように、「グローバル人材育成報告書」において、「グローバル人材」として育成が強く期待されているのは、実質的に海外でのグローバルな環境で企業活動の一員として「グローバル・ビジネス」を担う人材である。このための最重要課題は、若者の「内向き志向」の解消であり、海外でのグローバルな環境で活躍するための語学力や異文化理解・活用力の養成である。そして、最も重視されている方策の1つが日本人学生の海外留学を大幅に促進するための環境整備である。

第5節 「地域のグローバル化」と「地域からのグローバル化」

　語学力・コミュニケーション能力、社会人基礎力、異文化理解・活用力を兼ね備えた「グローバル人材」の育成は今後ますます重要となるであろう。人文社会科学系の教員で構成される国際学部は、マルチディシプリナリな手法を基本としながらもインターディシプリナリな教育研究の拡大を図りつつ、特に異文化理解・活用力育成の効果的・効率的な促進方策を検討していく必要が高いと思われる。ただし、「グローバル人材育成推進報告書」は日本経済の停滞と日本企業の海外競争力に対する強い危機感を反映しているために、「グローバル人材」育成の必要性を、専ら日本企業のグローバル化を担う「外向き」の人材という文脈で語っている。国際学部の課題をこのような「外向き」の人材育成に特化させることはできない。グローバルな環境で活躍する「グローバル人材」の育成は、日本の地域社会でも同程度に求められているという当然の事実が再認識されなければならない。

　「地域のグローバル化」や多文化共生の課題は、外国人労働者や外国人住民の増加・定住化に伴って生じてきた。現在日本には約220万の外国人住民がいる。厚生労働省の外国人雇用状況によると2011年10月末の外国人労働者数は68.6万人と前年同期比5.6％増となっている。外国人労働者数はここ10年では3倍以上の増加である。2011年は東日本大震災の影響で一時的に外国人労働者が減少した可能性があるが、その後労働者数が回復したと思われる。少子高齢化が急速に進む現状の中で、かれらの労働力なくして日本経済は成り立たないが、雇用は不安定で労働環境は劣悪であるとの報告が多方面でなされている。放置しておいても外国から出稼ぎ労働者が来る時代は終わり、かれらの就労環境の改善を図らなければ、日本は外国人労働者から見放されるだろう。一方、7万人を超える外国人児童生徒が日本の公立学校に通っているが（2012年9月現在71,545人）、そのうちの約4割に相当する27,013人の児童生徒が「日本語指導を必要とする児童生徒」

である。就学義務が課されていないことや日本語のハンディのために、不就学状態にある、あるいは高校進学できない外国人児童生徒が相当数いると思われる。不就学や高校進学できない子供たちの将来に安定した雇用や生活を想像することは難しい。それは、そのような人々を多く抱え込むかもしれない日本社会のリスクに連なる問題でもある。

　地域にともに暮らす外国人住民と日本人住民の共生の問題もある。一般的に言って、相互の交流を望む意識は、日本人住民のほうが外国人住民に比べてはるかに低い。地域のイベントに外国人住民の参加を促し、かれらのパワーの活用を図りながら、地域の活性化や街づくりをともに進めようとする意識や取り組みも遅れている。まさに、このような目の前の地域の問題に向き合うことによって、地球社会を担う責任ある個人としての自覚の下に、学際的・複合的視点に立って自ら課題を探求する能力や、「異文化の差」をもった多様な人々の中で相乗効果を生み出して、新しい価値を生み出す能力が育成されることになるだろう。求められるのは、様々な地域の諸問題に向き合うことが出来る「グローバル人材」の育成である。

　「地域からのグローバル化」のキーワードは「発信」であり、それは、日本の各地域から社会・経済・文化・政治に関連して世界の各地に活動の場を拡げることを目指す。国際ビジネスはその1つの分野である。例えば、平和憲法の下で「世界の平和」のために、唯一の被爆国として「核なき世界」のために、経済大国として世界の貧困軽減のために、特色ある文化保有国として世界の文化交流のために何が出来るのか等々、日本からの「発信」が問われる分野は多岐に渡る。

　「地域のグローバル化」のキーワードは、「受容」であり、それは、日本の各地域において国際的な社会・経済・文化・政治の共生に関して活動を拡げることを目指す。「受容」において特に求められるのは、人材を迎える懐の深さであり、他の文化や価値を受容する能力である。具体的な課題としては、外国人労働者が働きやすい環境作り、外国人住民が住みやすい地域作り、

外国の企業や観光客を引き寄せる魅力作り、外国人児童生徒が学びやすい教育システムの構築、貧困・高齢外国人への社会保障の充実、などがあろう。

　最後に、大学と初等・中等教育の接続に関して若干述べておきたい。「グローバル人材育成報告書」でも、「グローバル人材」としての能力や資質は大学4年間のカリキュラムで完結するわけではなく、初等・中等教育からの積み重ねが必要と述べられている。初等・中等教育で「異文化理解・活用力」の育成に関わりが深いのは国際理解教育であろう。国際理解教育は、国際社会で「子どもたちが日本人としての自覚を持ち、主体的に生きていく上で必要な資質や能力を育成すること」を目的にした教育であるが、従来、外国の文化や歴史を学ぶといった「外向き」の教育が主で、日本の「地域のグローバル化」や外国人児童生徒の受け入れと関連付ける視点は希薄であった。一方で、外国人児童生徒教育は日本語指導・適応指導に重点を置くもので、国際性の涵養という視点は希薄であった。外国人児童生徒も将来の日本を担う「グローバル人材」の候補生である。文部科学省は、「外国人児童生徒教育は、日本人の子ども達の国際性の涵養や学校そのもののグローバル人材の教育活動の向上等にも資する」とし、「外国人児童生徒と日本人児童生徒の交流や相互理解を深めるような国際理解教育が期待される」と述べるに至っている（文部科学省、平成21年度『外国人児童生徒の充実施策について（報告）』）。外国人児童生徒教育と日本人児童生徒の国際理解教育を関連付けて「グローバル人材」の能力や資質の育成に資する体系的な教育を構想・開発すること、このような研究を通じて初等・中等教育を支援することも、大学の重要な役割として捉えるべきであろう。

参考文献

- 『大学における新構想型学部に関する実態調査』（科学技術庁科学技術政策研究所、第一調査研究グループ、吉田通治、神田由美子、前澤佑一）、調査資料・データ-53、1984年。
- 林正人「大学設置基準大綱化後の共通（教養）教育のかかえる問題」2003年
- 産学連携によるグローバル人材育成会議『産学官によるグローバル人材の育成のための戦略』

第Ⅲ部　HANDS プロジェクトの実践

20011 年 4 月 28 日
- グローバル人材育成推進会議『グローバル人材育成推進会議　中間まとめ』2011 年 6 月 22 日
- 産学人材育成パートナーシップグローバル人材育成委員会『報告書～産学官でグローバル人材の育成を～』2011 年 4 月
- 文部科学省『外国人児童生徒の充実施策について（報告）』2009 年 8 月
- 文部科学省「『日本語指導が必要な外国人児童生徒の受入れ状況等に関する調査（平成 24 年度）』の結果について」2011 年 8 月
- 『第 13 回　国立大学新構想学部　教育・研究フォーラム報告書』岩手大学人文社会科学部、2007 年 12 月
- 『第 15 回　国立大学新構想学部　教育・研究フォーラム報告書』徳島大学総合科学部、2009 年 12 月
- 『第 16 回　国立大学新構想学部　教育・研究フォーラム報告書』福島大学行政政策学類、2010 年 12 月
- 『第 17 回　国立大学新構想学部　教育・研究フォーラム報告書』神戸大学発達科学部、2011 年 12 月
- 田巻松雄「多文化共生と共生に関するノート」『国際学部研究論集』第 26 号、2008 年 10 月

第7章　HANDS 成立の経緯―公共圏構築の試み

はじめに

　2004年夏に外国人児童生徒教育問題に関する研究プロジェクトチームを立ち上げ、約6年間、宇都宮大学の重点推進研究（2004～2006年度）および特定重点推進研究（2007～2009年度）として、調査研究に取り組んだ。この成果が2010年度からのHANDSの開始につながった。HANDSに至る道程は、地域の実情やニーズ把握に努めながら、様々な関係者が協働する体制づくりを模索する6年間でもあった。協働する体制づくりは、「公共圏の構築」の試みであったと言える。HANDS二期目を迎えている現状においても、公共圏の構築はいまだ成果途上の段階であり、継続的に追求する目標でもある。本章では、HANDS成立の経緯を公共圏の構築という視点から振り返り、地域貢献とそのための実践的研究の1つの例を発信する。

第1節　問題意識

　外国人児童生徒教育のあり方は、都道府県および都道府県内の各地域によってかなり異なるというのが実情である。この基本的な理由は、政府が外国人児童生徒に対して就学の義務を課しておらず、外国人児童生徒教育についての統一的な方針や指針を示していないからである。外国人児童生徒の在籍数などを考慮して、外国人児童生徒担当の教員を加配する制度があるが、加配についても統一的な基準はなく、実質、都道府県ごとに加配の基準は異なる。このような状況の中で、2004年度に開始した研究プロジェクト（以下、重点研究・特定重点研究を重点研究と一括する）は、まず、栃木県内の現状を総体的に明らかにし、地域的な課題・対応を検討することを第

一の目的にすえた。外国人の子どもたちの教育環境の問題は、何よりもまず、地域的な課題として検討される必要があると考えたからである。全国的に見ても、外国人児童生徒の教育問題に関して、1つの県全体を視野に入れて、地域的な課題・対応を検討する調査研究はほとんど例がない状況であった。

　第二の目的は、外国人児童生徒の教育問題を調査研究し、実践的な取組を様々な関係者と協働して実施していくための継続的な拠点を構築することであった。外国人児童生徒の教育環境の改善と課題解決には、学校、自治体、大学、市民社会等の地域連携が不可欠だと考えたからである。拠点は、地域に立脚した様々な関連主体の恒常的な連携ネットワークであり、調査研究の推進、資源・情報の蓄積と活用、関連組織育成等の役割を担う。この意味での拠点は、外国人児童生徒の教育問題を様々な関係者が広く議論し活動する「場」ないし「空間」とほぼ同義で、社会科学的概念としての「公共性」や「公共圏」と深く関わる。重点研究では、宇都宮大学が有する教育研究機能、物的資源などを活用しつつ、どのような拠点構築が必要で可能なのかについて検討を重ねた。

　根本的には、出自の文化が異なり、今後も必ずしも日本に住み続けるとは限らない子どもたちに、学校はどのような教育を行うべきかという問いが投げかけられている。文科省は、『外国人児童生徒教育の充実方策について』（2008年6月）で、「外国人の子どもの教育については、国際人権規約における規定などを踏まえ、義務教育の就学年齢にある外国人のこどもが公立の小学校、中学校への就学を希望する場合には、無償で受入を行うとともに、学校においては日本語指導や適応指導などの必要な配慮を行うことなどして、外国人のこどもの教育をうける権利を保障している」と現行の対応を整理したうえで、「一方、近年、我が国に在留する外国人数の増加や、滞在の長期化など様々な状況の変化が生じてきており、このような中で、外国人の子どもの不就学の問題や学校での指導体制の整備の必要性等が指摘される」とし、教育充実のための諸提言を行っている。文科省による提言が外

国人児童生徒教育の充実に対して一定の効果を持つことは確かであろう。しかし、「就学希望があれば受入れる」という現行の対応がはたして「外国人の子どもの教育を受ける権利を保障」してきたのかについての自省的な視点は欠けているし、外国人児童生徒教育はどうあるべきかについての根本的な議論も不在である。

　現在、外国人の子どもの日本の学校への就学の機会は「権利義務」としてではなく、「許可」もしくは「恩恵」として提供されている。外国人のこどもの就学に関するこの法制度的枠組みがどのような問題を生み出してきたかについての批判的な検証が必要であるし、義務教育化をも視野に入れながら、外国人児童生徒教育のあるべき姿について多面的に討議していくことが問われよう。

　簡潔に言えば、重点研究は、外国人児童生徒の教育環境の改善に向けた具体的取り組みにつながるような調査研究と実践的活動の推進を主な目的とし、同時に、外国人児童生徒教育のあり方についてオープンな議論をするためのデータ収集や場の構築を目指したものである。

　公共圏とは、基本的に、「共同体全体の利害に関わる諸問題の様々な問題解決に向けて合意形成を志向する開かれた公的空間」と捉える。共同体全体の利害に関わる最も根本的な問題は、多種多様な人びとがこの社会に一緒に生きている現実を直視し、共に生きるというのはどういうことなのかについて多面的に考えていくことである。そして、公共圏を作り出すために特に重要なのが協働という概念である。協働は、「さまざまな異なる立場に立つ者同士が、共通の目標を見出そうとしながら、直面する課題の解決に向けて対話と活動を進めていくこと」と捉えておく。そのうえで、対話と活動によって合意形成が得られれば、それは公共性の形成へとつながる。

　外国人児童生徒教育のプロジェクトを立ち上げたときに、公共圏という概念を強く意識していたわけではない。重点研究が進む中で、協働ということの重要性と難しさを繰り返し感じることとなった。

公共圏は、ある一定の物理的場所を意味する場合もあるが、それに限定されるわけではない。公共圏は、共に行動して共に語るという目的を共有する人びとの間に生まれる。したがって、いかなる時やいかなる場所においても、目的に相応しい場所を見つけ出すことができるものである。また、批判的な監視、つまり国家とか有力な組織とか既存の枠組みとか既存のルールとか、そういうものを批判的に見る視点が、公共圏を創出するという最大の動機であるし、必要な点でもある。ハーバーマスの言葉を使えば、討議、ディスクルスを経る、そして具体的な検討課題、アジェンダというのを考えていく。そういうものが公共圏創出についての避けられない道筋だと言える。

第2節　調査の概要と活動の軌跡

　重点研究では、栃木県内の外国人児童生徒教育の現状と課題を把握するための実態調査を4回行った。ここでは、それぞれの調査の概要を示す。
　第一は、「拠点校調査」（実施時期は2005年2〜3月）である。この調査は、県内の外国人児童生徒教育拠点校（以下、拠点校）全39校を対象としたものである。拠点校とは、日本語指導を必要とする外国人児童生徒が比較的多く在籍し、「外国人児童生徒担当教員」が加配されている学校をさす。この調査では、拠点校で、現在日本語指導を受けている外国人児童生徒と受けていない児童生徒（いずれも小学校4年生〜中学3年生）を対象にして、主に言語の問題について聞いた。また、日本語教室担当教員を対象にして、主に日本語教室の運営と日本語指導に関して聞いている。222名の児童生徒と34名の教員から回答を得た。教員に対する自由記述では、教育現場で直面する問題とその解決策に関する要望や意見を中心に聞いている。具体的には、日本語指導と進路指導に関して困っていることとその対策、外国人児童生徒担当教員として最も悩んでいること、行政（教育委員会・文部科学省等）や所属の学校への要望、外国人児童生徒やその父兄との関係で悩んで

いること等である。

　第二は、「行政調査」（実施時期は2005年6月～2006年3月）である。この調査の目的は、県内13市における外国人児童生徒の公立小中学校の就学に関する手続きと就学状況を明らかにすることにあった。13市別外国人児童生徒の在籍状況、就学手続きに関しては、窓口、就学前健康診断をめぐる取組、就学案内の状況が把握された。また、日本語指導を必要とする外国人児童生徒に対する各市独自の取組の現状も明らかにされた。

　第三は、「保護者調査」（実施時期は2005年11月～12月）である。この調査は、外国人登録者数が多く、全人口に占めるその割合も高いと思われる4市を取り上げ、その4市全ての小中学校とその他の地域の拠点校を対象とした。そして、対象となる小・中学校に在籍する外国人児童生徒のすべての保護者（全ての外国籍の保護者）を対象として設定し、子どもの教育環境に関する外国人の保護者の意識を探ることを目的にして行った。407人の保護者から回答を得た。以上の3つの調査結果は、2006年3月に『栃木県における外国人児童生徒問題の現状と課題』（報告書および資料集）として刊行した。

　第四は、「在籍校調査」（実施時期は2008年11月～12月）である。この調査は、外国人児童生徒が在籍する県内すべての公立小中学校の教員を対象として行った。質問項目は、拠点校・非拠点校における外国人児童生徒教育の実態に関するものと外国人児童生徒教育に対する教員の意識や意見（30項目）に大別される。950人の教員から回答が寄せられた。自由記述では、「外国人のこどもに就学を義務とはせず、希望があれば受け入れるという現行の体制」、「義務教育化」、「外国人児童生徒教育のあり方」の3点について意見を聞いている。「拠点校調査」の自由記述では、学校現場のことを中心に聞いたが、「在籍校調査」では、外国人児童生徒教育のあり方を中心に聞いた。「在籍校調査」の調査結果は、2009年3月に『栃木県外国人児童生徒在籍校調査　報告・資料集』として刊行した。

第一から第三までの調査は2006年度までに実施したものであり、第四の調査は2008年度実施のものである。この間の2007年度は、研究組織再編、本プロジェクト前半部分の総括と次のステップへの準備、ネットワーク作りの開始に当てた年度であった。

　重点研究は、2004年度に国際学部と留学生センターの教員で立ち上げたものである。2007年度より、教育学部の教員、県内小中学校の教員と日本語指導員を研究グループに迎えて、新しい体制を切った。この組織編制は、実態調査を行う中で、外国人児童生徒の教育環境の改善に向けて、現場に立つ学校教員と調査研究のあり方について一緒に討議し、研究成果を現場に投げ返していくような協働型プロジェクトの必要性を強く感じるようになったことが最大の動機である。現職の小中学校教員が大学の研究プロジェクトに恒常的に参加した例はほとんどないであろう。ほぼ月1回の研究会に参加してもらう形であったが、栃木県教育委員会および管轄地域の教育委員会と各学校長の理解を得るのは容易ではなかった。また、教育学部との連携は、何よりも、将来教員を目指す教職課程の学生に発信すべき教育とそれを支える研究のあり方について共通の理解を図り、共同の作業を志向したかった事による。つまり、2007年度に学内外の連携を強化した。

　この体制の下で、まず、2007度年中に幅広い情報発信と情報交換を目的にして、ニュースレター『ハンズーとちぎ多文化共生教育通信』の刊行を開始した。この刊行は、外国人児童生徒の教育にあたっている教員のネットワークづくりと、さらに多くの方々に外国人児童生徒教育問題への関心・理解を深めてもらうことを意図したものであった。ニュースレターの名称も、人と人とをつなぐという意味を込めて『ハンズ』とし、これを契機にHANDSプロジェクトと自称するようになった。内容は、外国人児童生徒担当教員が実践してきた指導のやりがいや難しさに関する内容、本研究プロジェクトの活動報告や今後の活動紹介などから構成されており、現在（2013年11月）までに14号が刊行されている。

2007年度中のもう1つの大きな成果は、ブックレット『栃木県における外国人児童生徒教育の明日を考える』(2008年3月)の刊行である。このブックレットは、本学教員6人、小中学校教員5人、日本語指導員1人、本学大学院生3人、学部生1人の計16人の執筆によるものである。本書は三部構成で、Ⅰでは、栃木県における外国人児童生徒の教育環境と教育問題の現状と課題が総体的に提示されている。Ⅱでは、外国人児童生徒教育に従事してきた教員と指導員が、その経験を「難しさとやりがい」を中心に語っている。Ⅲでは、外国人児童生徒の学習環境および外国人(異文化)と接触する日本人児童生徒の学習環境が言語的アプローチによって検討されている。以上の構成を通して、本書は、県内の外国人児童生徒の教育環境および教育問題を、総体的かつ具体的に理解するための材料と話題、そして幅広く捉えるための視点を提供した。

　さて、2006年度までに3つの調査を行い、2007年度には組織再編のもとで『ハンズ』とブックレットを刊行したが、2007年度の重点推進研究成果報告会(2008年3月)やブックレットの合評会(2008年5月)における意見交換などを通じて、重点研究の一定の成果が確認されるとともに、いくつかの問題点と課題が浮かび上がった。

　第一は、従来の関心がほぼ拠点校に限定されていたことである。2008年5月1日現在、県内の日本語指導が必要な外国人児童生徒は577人、そのうち拠点校に通うものが418人(72.4%)、非拠点校に通うものが159名(27.6%)である。すなわち、日本語指導を必要とする外国人児童生徒の約3割が非拠点校に在籍している現状がある。第二に、拠点校および非拠点校で、クラス担任あるいは教科担任として外国人児童生徒に関わる教員にほとんど目を向けていなかった。第三に、外国人児童生徒の教育問題を様々な角度から討議していくための基礎的なデータが大きく不足していることが再認識された。特に、県内の外国人生徒の中学卒業後の進路状況は不明で、高校進学率については、高校と中学に在籍している外国人生徒数から推測する

以外にない現状があった。そして、最後に、より多くの関係者との協働を目指す必要性が強く感じられた。以上のような反省を踏まえ、計画・実施されたのが「在籍校調査」である。

第3節　協働型プロジェクトの推進と拠点構築

　重点研究は、外国人児童生徒教育問題を調査研究し、実践的な取組を進めていくための協働型プロジェクトを目指してきた。実態調査等によって、教科学習理解の難しさ、不就学、低い高校進学率などの現状が明らかとなった。一方で、外国人児童生徒に日々向き合う現場の教員の「やりがい」と「難しさ」が浮かび上がった。「難しさ」の基本的な要因は、2つある。1つは、教育行政が外国人児童生徒教育の内容や方法について統一的な方針を示していないことにある。指導のあり方は学校現場にほぼ丸投げされている現状がある。次に、学校現場では、全児童生徒からみると圧倒的にマイノリティである外国人児童生徒の教育は全校的な教育課題として認識されにくい。このため、外国人児童生徒の教育は特定の一部の教員にまかされ、担当教員の「孤軍奮闘」といえるような状況が生じる傾向が生まれる。調査からは、外国人児童生徒の教育問題に対する行政や学校関係者の関心は全体的に高くなく、拠点校においても外国人児童生徒教育は周辺的な問題との位置づけが一般的であるような事態が明らかとなった。そして、外国人児童生徒教育はどうあるべきかについての自由でオープンな議論の場は非常に限られている現状があった。

　このような状況の中で、まず、2007年度より、教育学部教員と県内小中学校教員および日本語指導員との連携強化を図った。他方で、学校現場で特定の教員が「孤軍奮闘」を余儀なくされているような構造上の問題を改善するには、教育委員会や学校長らと討議していくような場の構築が是非とも必要と思われた。

「在籍校調査」は、外国人児童生徒が少数在籍する非拠点校の実態や様々な立場（日本語教室担当者、クラス担任、教科担任等）で外国人児童生徒教育に関わる教員の意識や意見を把握するという直接の目的のほかに、外国人児童生徒教育問題に対する県レベルでの関心を高め、問題意識の共有化を図るというもう1つの目的があった。そのため、調査実施前には、外国人児童生徒在籍校のある県内28地域の教育委員会をすべて訪問し、重点研究の内容を紹介し、調査の目的と趣旨を説明するとともに、管轄の学校への協力要請と調査票の配布・回収に関する協力をお願いした。すべての教育委員会からの協力を得られたことの結果として、調査票の回収率はほぼ9割に達した。訪問による直接の協力依頼によって、回収率だけではなく、全県的なレベルでの問題関心を高めることに一定の効果があがったと思える。

　調査後には、県・市教育委員会の担当者を集めて、調査結果の報告会を行った（2009年2月）。このような集いもこれまでに例がない。そしてこの報告会の席上で、重点研究チームと教育委員会が討議・連携していく栃木県外国人児童生徒教育問題懇談会（以下、懇談会）の設置を提案し、了承を得た。その後の県教委との打ち合わせを経て、懇談会の核となるメンバーは、重点研究メンバーと外国人児童生徒が多く集まる県内6市（大田原・宇都宮・小山・真岡・佐野・足利）の教育委員会担当者および6市の小中学校長で構成することとし、2009年度に3回開催することを決めた。

　重点研究は一定の研究期間のもとでのプロジェクトである。2004年度に開始し、2007年度からは組織再編の下で再度3年間のプロジェクトとしてスタートすることは出来た。しかし当初より、重点研究の成果を調査研究や実践的な取り組みを継続的に進めていくための拠点構築につなげることが大きな課題として認識されていた。地域との連携や国内外との国際交流ネットワークの促進を目指す拠点の構築は、国際学部の積年の課題でもあった。2005年度より、大学院国際学研究科に博士後期課程を発足させたが、そこでの教育理念は「多文化公共圏」形成である。多文化公共圏とは、「市民が社会

のあり方について自由に議論し、合意を形成して広く社会に意思表示し、公的な制度や政策決定に影響を及ぼす社会空間」のことを指す。公共圏とは、様々な公的課題について、合意形成を志向する開かれた言論の空間である、と簡潔に言い換えることも出来る。博士後期課程の発足と同時に、「多文化公共圏を考える―新しい国際学の構築のために」をテーマとする重点研究プロジェクトが国際学部教員によって立ち上がった。「多文化公共圏」形成研究が国際学部の教育研究の柱と位置づけられたことによって、多文化公共圏形成研究のための拠点構築の必要性が学部内でも広く認識されるようになった。

多文化公共圏形成は、重点研究が目指してきた様々な関係者による議論と活動からなる「協働」と深く関わる概念と言える。また、重点研究は、2005年度より、研究成果を関係者や地域に広く還元するという目的や同じ問題を研究する者同士のネットワーク作りのため、毎年12月にシンポジウムを開催し、自由でオープンな議論の場の創出に努めて来た。シンポジウムの開催も開かれた言論の空間の創出という点で、多文化公共圏形成と関わる。

以上のような博士後期課程の設置と2つの重点研究の推進を主な背景として、2007年度後半より、拠点構築のための動きを具体化したことが、2008年4月の多文化公共圏センターの発足につながった。筆者は、多文化公共圏センター発足準備委員会に加わり、初代のセンター長に就任した。多文化公共圏センターは地域貢献・連携のための拠点構築を大きな目標としている点で、重点研究の目指すものと重なりが深い。多文化公共圏センターは、2008年度、主に多文化共生に関するシンポジウムや市民講座を実施したが、本プロジェクトとの有機的な融合についての検討を進め、年度末までに「グローバル化に対応する人材養成と地域貢献」をテーマとするセンター事業を構想し、そこに外国人児童生徒教育問題を組み込むことを決めた。

第 4 節　懇談会発足と事業の開始

　重点研究は、2009 年度、栃木県内の外国人児童生徒教育について継続的に情報・意見交換する場の 1 つとして、「栃木県外国人児童生徒教育問題懇談会」（以下、懇談会と略）を発足させた。懇談会は、栃木県・大田原市・宇都宮市・小山市・真岡市・佐野市・足利市の教育委員会委員、6 市の計 11 の小中学校の代表学校長、本プロジェクトのメンバーより構成されている。教育委員会と学校長を構成メンバーに加えた、このような懇談会の発足は全国的にもほとんど例がないのではないかと思われる。

　懇談会の当面の目標は、外国人児童生徒教育の現状と課題についての理解を深めながら、学校現場・教育行政・大学等の関係機関（者）が、相互の連携を意識しながらどのような役割を担うべきかについて、幅広く意見交換することにあった。第一回目の懇談会（2009 年 7 月）では、「在籍校調査」結果のなかから特に重要だと思われるポイントを共有化し、それをベースに情報・意見交換した。二回目の懇談会（同年 10 月）では、前掲の文科省報告書『外国人児童生徒教育の充実方策について』の内容を確認しながら、県内の現状や課題について話し合った。

　懇談会自体は固定したメンバーによる閉じられた空間であるが、懇談会の意義や議論の内容を開かれたより大きな空間に向けて発信したいとの思いで、年末の重点研究 5 回目のシンポジウムでは、小中学校の学校長による公開座談会「栃木県におけるこれからの外国人児童生徒教育」を実施した。予め用意しておいた 9 項目（学校経営の方針のなかでの外国人児童生徒教育の位置づけ、外国人児童生徒に向き合う日本語教室担当者やクラス担任等の教員に求められる資質、外国人児童生徒教育のための全校的な指導体制や教職員間の共通理解という課題、外国人児童生徒教育の目標等について、小学校長 4 名、中学校長 2 名が意見交換した。この学校長による座談会に対しては、「外国人多数校の校長が総ぞろいしての討論は非常に画期的

な取り組みと思う。イベント的なものではなく長く続けてほしい。討論になるのか不安だったが、校長先生の意識もそれなりに高まっていることを感じた」、「学校長による座談会は、これまでのプロジェクトの流れから見て、すばらしい進歩だと思います。これからも継続的にこのような場を設けていければいいと思います」等の評価を得た。因みに、このときのシンポジウムは、重点研究5回目にして、報告者が初めて県内の関係者だけで構成されたものである。これは、県内の自治体や学校現場における取組の進展や重点研究の一定の成果を反映していると言えよう（第Ⅰ部は、2008年4月に北関東で初めて開設された外国人児童生徒適応指導教室「かけはし」に関する講演「プレクラスの意義と役割～小山市外国人児童生徒適応指導教室『かけはし』の現場から」であった）。

　三回目の懇談会（2010年2月）では、学校長の視点から学校現場の現状と課題を出し合いながら、学校現場のニーズに応えることの出来る即効的な事業について話し合った。そして、懇談会のような討議の場を次年度以降も確保していくことと、より具体的な協働のあり方を模索していくことを確認した。

　懇談会の開催と前後するが、2009年度には、拠点校と非拠点校の教員による座談会も実施した。主に「在籍校調査」の結果に向き合いながら、現場の課題やニーズについて語り合ったものである。非拠点校でクラス担任や教科担任等の立場で外国人児童生徒と向き合ってきた教員による座談会もまた、全国的にも例がないのではないかと思われる。

　2010年度中の活動でもう1つ特筆すべきは、重点研究のメンバーが現職の教員を対象とする講座や研修を実施したことである。1つは、教育学部が主催する教職員サマーセミナーである。宇都宮大学では、2004年度から教育学部と栃木県総合教育センターとの共催により、夏季休業中に現職教員のスキルアップやエンパワーメントを目的として様々なテーマに関する講座を開講している。2010年度開催のセミナーで、外国人児童生徒教育問題を初めて

取り上げ、「学校における外国人児童生徒教育の現状と課題」という講座を開講した (2010 年 7 月)。担当者は国際学部・教育学部・留学生センターの教員で、外国人児童生徒教育問題の現状や背景、日本語教育のノウハウなどについての講義がなされた。受講者には、小中学校教員の他、特別支援学校や高校の教員が含まれた。もう 1 つは、栃木県総合教育センターが主催する土日開放講座である。やはり初めて外国人児童生徒教育問題を取り上げ、小中学校教員を対象にして「外国人児童生徒の日本語指導と適応指導」をテーマとして研修を行った (2010 年 6 月)。重点研究メンバーの現職教員・指導員が、学級への受け入れ方から具体的な指導方法までを含め、学校現場での外国人児童生徒指導に関するノウハウを、実践的な経験に基づいて講義している。これらの講座や研修の実施は、重点研究の一定の成果を「現場」に返す最初の試みであったと言えよう。

　さて、重点研究全体を振り返ると、主に実態調査や関係者との議論を通して、外国人児童生徒教育の課題やニーズの把握に努めてきた。2008 年度に入ってからは、研究の成果を多文化公共圏センターの活動に発展的に継承していく構想を準備する作業を進めた。この構想において重視したのは、外国人児童生徒教育を担う人材の育成と学校現場および地域への貢献に資する実践的な取組である。

　人材育成は 2 つの側面がある。1 つは、現職の教員の研修(再教育)である。拠点校の日本語教室担当者および拠点校・非拠点校で様々な立場で外国人児童生徒と向き合う教員の大半は、外国人児童生徒に対する日本語指導や適応指導に関する専門的な教育を受けておらず、スキルや経験が乏しい。現職教員のなかで研修機会の増加や研修内容の充実を求める声は多いが、このようなニーズに応えられていない現状があった。

　2 つめの側面は、教員志望の学生や外国人児童生徒に関わる仕事につく学生に対して日本語指導教育や国際理解教育を提供することである。

　教育現場および地域への貢献としては、多言語による高校進学ガイダンス、

学校への外国人児童生徒支援のための学生ボランティアの派遣、相談業務の実施などが考えられた。そして、これらの取組を推進する上で、国際学部と教育学部のよりフォーマルな連携が不可欠と考えられた。同時に、本学教員の他に、これらの取組の専門的な担い手として、外国人児童生徒教育の経験が豊富な人材、あるいは実践的な能力を有する人材の確保が不可欠と考えられた。以上のことを総合的に考慮し、「グローバル化に対応する人材養成と地域貢献」のためのプロジェクト計画案を作成し、文科省に対して概算要求を行った。幸いにも、この計画案は採択され、2010年度より新しいプロジェクトを開始することが可能となった。

おわりに

2009年12月のシンポジウムの「総括と展望」において、このシンポジウムと重点研究全体の総括を意識して、以下のようなことを述べた。「国際学部と留学生センターの教員で立ち上げた本プロジェクトは、現在、教育学部教員、県内小中学校教員および日本語指導員を加えたメンバーで構成されている。懇談会の設置を通じて、県・市教委担当者や小中学校の校長と継続的に意見交換する場も作られた。また、年1回のシンポジウムを開催してきており、関係者や関心を持つ人と直接対話する場も作ってきた。このように、本プロジェクトを通じて、外国人児童生徒教育問題を様々な立場に立つ関係者が討議する場は確実に広がってきた。しかし、以上のような試みの成果や意味が問われるのはまさにこれからである」。

新しいプロジェクトの開始を前にして、実施組織体制としては、事業推進のために4人のコーディネーターを新規雇用することを決めた。また、学外連携としては、現在の懇談会をベースにして「外国人児童生徒・グローバル教育推進協議会」を立ち上げることを構想した。このような体制の下で、具体的な目標としては、①国際学部と教育学部のカリキュラム改革と外国人児

童生徒教育に携わる現職教員への研修（再教育）を通じて外国人児童生徒教育問題に対応できる人材を育成する、②小中学校への学生ボランティア派遣、③外国人児童生徒のための多言語による高校進学ガイダンス、④教員向け教材の開発、⑤外国人児童生徒用日本語教材の作成などを挙げ、新しいプロジェクトを開始することとなった。

6年間（2004～2009年度）の主な活動

2004年10月	プロジェクト開始
2005年2-3月	「拠点校調査」
2005年6月～2006年3月	
	「行政調査」
2005年10-11月	「保護者調査」
2005年12月	第1回シンポジウム
	「栃木県における外国人児童生徒教育の明日を考える」開催
2006年3月	『栃木県における外国人児童生徒問題の現状（報告書および資料集）』刊行
2006年12月	第2回シンポジウム開催
2007年4月	研究グループの再編（教育学部教員と県内小中学校教員・日本語指導員の参加）
2007年8月	拠点校教員を中心とする座談会実施
	『ハンズ-とちぎ多文化共生教育通信』刊行開始
2007年12月	『平成18・19年度中間報告書刊行』
12月	第3回シンポジウム開催
2008年3月	『栃木県における外国人児童生徒教育の明日を考える』刊行
2008年5月	『栃木県における外国人児童生徒教育の明日を考える』合評会
2008年9-10月	県内28市教育委員会訪問　調査協力依頼と地域での取り組みの聞き取り
2008年10-11月	「在籍校調査」
2008年11月	『平成20年度中間報告書』刊行
2008年12月6日	第4回シンポジウム
2009年2月27日	「在籍校調査」報告会
2009年5月	小山市立小山城南中学校　外国語による進学ガイダンス協力
2009年6月	「外国人児童生徒在籍校調査」座談会
2009年6月	土日開放講座「外国人児童生徒の日本語指導と適応指導」
2009年7月	第1回栃木県外国人児童生徒教育問題懇談会実施

2009 年 7 月	教職員サマーセミナー「学校における外国人児童生徒教育の現状と課題」
2009 年 10 月	第 2 回栃木県外国人児童生徒教育問題懇談会実施
2009 年 11 月	非拠点校教員座談会実施
2009 年 12 月	第 5 回シンポジウム
2010 年 2 月	第 3 回栃木県外国人児童生徒教育問題懇談会実施

参考資料①
HANDS『3年間のあゆみ』

外国人児童生徒支援を主な目的とする研究プロジェクトは、2004年の秋からスタートした。遅々とした歩みではあったが、様々な関係者が手と手を取り合って進めていこうをスローガンにして「HANDS」と称し、様々な事業に取り組んできた。2010～2012年度のHANDS 3年間の歩みは、『宇都宮大学HANDSプロジェクト　3年間のあゆみ』として小冊子としてまとめており（2013年3月）、ここでは、その内容を再掲する。ただし、『3年間のあゆみ』の「外国人生徒の進路調査」の内容は本書第4章と重なるところが多いので、外している。また、年度表記を統一したことを含め、若干加筆・修正している。

はじめに

文部科学省特別経費プロジェクト
「グローバル化社会に対応する人材養成と地域貢献
－多文化共生社会実現に向けた外国人児童生徒教育
・グローバル教育の推進－」
（通称　宇都宮大学 HANDS プロジェクト）
宇都宮大学国際学部教授　田巻松雄（研究代表）

　外国人児童生徒支援を主な目的とする研究プロジェクトは、2004 年の秋からスタートしました。遅々とした歩みではありましたが、様々な関係者が手と手を取り合って進めていこうをスローガンにして「HANDS」と称し、様々な事業に取り組んできました。2010 － 2012 年度の HANDS 3 年間の歩みを大きく 7 事業に分けてまとめてみました。これらの事業を支えていただいた皆様に感謝しつつ、もう少し前進したいと考えています。

メンバー一覧

　田巻松雄（国際学部教授）、松本敏（教育学部教授、教育学部付属教育実践総合センター地域連携部門スクールサポートセンター長）、重田康博（国際学部教授、国際学部附属多文化公共圏センター副センター長）、上原秀一（教育学部准教授）、若林秀樹（国際学部特任准教授）、丸山剛史（教育学部准教授）、スエヨシ　アナ（国際学部講師）、辻猛司（教育学部付属教育実践総合センター地域連携部門スクールサポートセンターコーディネーター）、酒見廣志（教育学部付属教育実践総合センター地域連携部門客員教授、スクールサポートセンターコーディネーター）、原田真理子（佐野市立佐野小学校日本語教室指導助手、国際学部附属多文化公共圏センター研究員）、佐藤和之

参考資料 『3年間のあゆみ』

（真岡市立真岡西小学校教諭、国際学部附属多文化公共圏センター研究員）、矢部昭仁（2010 年度 HANDS プロジェクトコーディネーター）、船山千恵（2011 〜 2012 年度 HANDS プロジェクトコーディネーター）

目　　次

HANDS プロジェクトちらし ……………………………………… 1
はじめに、メンバー一覧、目次 …………………………………… 2
外国人児童生徒・グローバル教育推進協議会と外国人児童生徒支援会議 … 3
栃木県外国人生徒進路状況調査 …………………………………… 5
授業「グローバル化と外国人児童生徒教育」 …………………… 8
外国人児童生徒教育支援のための学生ボランティア派遣事業 ……… 9
多言語による高校進学ガイダンス ………………………………… 11
外国につながる子どもフォーラム ………………………………… 13
刊行物とネットワーク……………………………………………… 15
声・こえ・コエ・KOE …………………………………………… 17

■「外国人児童生徒・グローバル教育推進協議会」と「外国人児童生徒支援会議」

　HANDS は、外国人児童生徒教育問題を調査研究し、実践的な取組を進めていくための協働型プロジェクトを目指してきました。協働とは、「様々な異なる立場に立つ者同士が、共通の目標を見出そうとしながら、直面する課題の解決に向けて討議と活動を進めていくこと」を意味します。学内では、国際学部、教育学部および留学生・国際交流センターの教職員が HANDS に関わっています。そして、学外からは教育委員会、小中学校長、小中高教員、日本語指導員、国際交流協会等の関係者に関わっていただいています。
　学外関係者との定期的な情報・意見交換の場であり、支援の基盤づくり

の核となっている組織が「外国人児童生徒・グローバル教育推進協議会」（以下、協議会）と「外国人児童生徒支援会議」（以下、支援会議）です。いずれも年3回開催しています。

　協議会の構成メンバーは栃木県教育委員会の担当者、外国人児童生徒が多く就学する9市1町（宇都宮市、小山市、真岡市、佐野市、大田原市、足利市、栃木市、那須塩原市、鹿沼市、壬生町）の小中学校長の代表および教育委員会の担当者です。

　協議会の前身は、2009年度に発足させた「栃木県外国人児童生徒教育問題懇談会」で、当時の構成メンバーは、栃木県教育委員会のほか、6市（大田原市、宇都宮市、小山市、真岡市、佐野市、足利市）でした。懇談会を発足させた年度の印象深い思い出を1つ語りますと、年末のシンポジウム（当時はシンポジウムと呼んでいました）で、小中学校の学校長（小学校長4名、中学校長2名）による公開座談会「栃木県におけるこれからの外国人児童生徒教育」が実現できたことがあります。非常に有意義な内容で、会場参加者からも「外国人多数校の校長が総ぞろいしての討論は非常に画期的」等の高い評価を得ました。2009年度の第三回目の懇談会（2010年2月）で、懇談会のような討議の場を次年度以降も確保していくことと、より具体的な協働のあり方を模索していくことを確認しまして、このことが協議会の発足につながりました。

　支援会議は、栃木県内小中学校の日本語教室担当教員をメンバーとする組織です。栃木県教育委員会は小中学校40校（2012年度）を外国人児童生徒教育拠点校に指定し、2012年7月現在計54名の教員が各校で外国人児童生徒教育に関わっています。外国人児童生徒教育は歴史が浅く、指導方法などについての情報は多くありません。また、学校内に経験者が居ないことも多く、担当教員は「何をして良いかわからない」、「精神的に孤立してしまう」などの課題がありました。一方では、この分野に長く関わり、経験と実績が豊富な教員も存在し、かれらのスキルを次世代に引き継ぎ、支援現場

参考資料 『3年間のあゆみ』

を発展させる必要性も生じていました。外国人児童生徒支援会議は、これらの課題を解決するために発足しました。外国人児童生徒教育拠点校で指導に関わるすべての担当教員をメンバーとして参加を呼びかけました。

平成24年度第2回外国人児童生徒・グローバル教育推進協議会（平成24年10月15日開催）

　参加した教員からは「こんな話し合いの場が欲しかった」という声を多く聞くことが出来ました。第1回目の支援会議はNHK首都圏ネットワークでも取り上げられました。「自分だけでなく、誰もが同じ悩みを抱えている」という安心感の共有により、担当教員の"心のよりどころ"が創出されたと感じています。

　経験豊富な教員からは、教材の効果的な利用法や、学校内の教員同士の連携における工夫などを積極的に発表してもらいました。また、HANDSプロジェクトで運営するHP「だいじょうぶnet.」を通したニーズの把握や情報提供も活用され、「支援会議に聞けばヒントが得られる」という"情報のよりどころ"も生まれました。

　また、日本語教室の無い学校で奮闘している教員に向けて、役立つ情報を発信するための取り組みもされました。メンバーの実践や協議内容を基に、教員向けの手引き書『教員必携　外国につながる子どもの教育』を年に1冊のペースで作成・刊行し、栃木県内すべての小中高等学校に配布し活用されていると共に、他県からの要望にも広く応えて配布しています。

■「外国人生徒　どう進路指導　宇大のプロジェクト」
　（下野新聞　平成23年8月20日朝刊）

　文部科学省の指定を受けて2010年度から外国人児童生徒の支援策を研究している宇都宮大のHANDS（ハンズ）プロジェクト（代表・田巻松雄国際学部教授）は19日、宇都宮市峰町の宇都宮大で本年度初の支援会議を開いた。「外国につながる子どもの進路指導」をテーマに、県内の外国人児童生徒教育拠点校の担当教員ら約25人が意見を交わした。

平成24年度第2回外国人児童生徒・グローバル教育推進協議会（平成24年10月15日開催）

　外国人児童生徒の義務教育後の状況に関する正確なデータはないが、進学も就職もしないケースが少なくないとされている。

　会議では「日本で生活するのか、母国に帰るのか、人生設計が必要」「本人が目標を持たないと日本語も習得できず、学力も上がらない」「本人と保護者に正確な情報を提供する必要がある」などの意見が出された。

　11月の第2回会議でさらに議論を深め、年度末までに全教員向けの「手引き」を作成する予定だ。

■「グローバル化と外国人児童生徒教育」開講とその取り組み

はじめに　HANDSの一環として、大学の授業科目「グローバル化と外国人児童生徒教育」を開講しました。2010年度に開講し、12年度で3度目となりました。13年度以降も継続的に毎年度開講する予定ですが、節目を迎えたこの時期に小括しておきたいと思います。

参考資料 『3年間のあゆみ』

1. 開講の経緯

　われわれが外国人児童生徒教育に関する科目を開講したのは、一つには文部科学省特別経費を得る以前から外国人児童生徒教育に関する学内共同研究を行い、人的にも内容的にも一定の蓄積があったからであり、二つには、授業に先行し、教育学部・スクールサポートセンター主催教職員サマーセミナーにおいて外国人児童生徒教育に関する講座を開講し、一定内容の話題が提供できるようになっていたからです。そして、外国人児童生徒教育の問題は、これから教員になる学生や国際的視野をもって働く学生には、ぜひ知っておいてほしいと考えたからです。

2. 講義内容の概要

　全15回の授業の内容は次の通りです。①各担当者の授業内容の概要説明（全教員）、②栃木県における外国人児童生徒教育（教育学部・丸山剛史）、③本授業開講の背景：重点からHANDSへ、④外国につながる子どもたちとは？（以上、国際学部・田巻松雄）、⑤年少者日本語教育1：子どもの言語発達と日本語指導、⑥同2：教科学習に必要な言語能力（以上、留学生センター・鎌田美千子）、⑦すべての子どもにとっての「言語」1：英国の事例から、⑧同2：異文化コミュニケーション（以上、教育学部・森田香緒里）、⑨外国人生徒の高校進学問題の現状と課題（国際学研究科・坂本文子, 丸山）、⑩外国人児童生徒教育現場の実際と抱える問題、⑪これから支援に関わる者がするべきこと（以上、国際学部・若林秀樹）、⑫外国人教育における教師のジレンマと葛藤（教育学部・小原一馬）、⑬多文化教育の理論：概説、⑭多文化教育への主なアプローチ（以上、留学生センター・戚傑）、⑮まとめ（全教員）

3. 工夫した点
　授業2年目の開講前の打合せにおいて、教員により見解が異なることが話題になりました。専門が異なる9名の教員がそれぞれの立場から話すため、立場により見解が異なることがあります。この課題を克服するため、田巻氏が、講義の最終回はシンポジウム形式で行うこととし、それぞれの授業を振り返りながら、受講者と質疑応答を行うだけでなく、教員同士も質疑応答を行い、議論を深めることを提案しました。この方法は受講者に思いの外、好評でした。今後も継続していきたいと考えています。

4. 受講者数
　3年間の受講者数は以下の通りです。2010年度：61名、11年度：154名、12年度：75名。2年目に受講者数が倍増しましたが、3年目は国際学部の学年指定・必修科目と重なってしまったため、受講者が限定されてしまい、受講者が半減しました。

まとめにかえて　授業終了後に、学生が質問のために近づいてきてくれ、関心の高さが窺われます。受講者の感想文には「この授業を受ける前までは、こんな沢山の課題があるとは思っていなかった」、「講義全体を通して、多くの教員からの話を聞くことができてよかったです」などと記され、授業の内容を新鮮に受けとめてくれたり、学部を超えた教員集団で一つの問題を多面的に考えるようにした授業の内容構成を評価してもらえたり、学生は好意的に受けとめてくれていることがわかります。外国人児童生徒教育の問題は変化が激しく、話題の鮮度が重要です。われわれも学生の期待に応えるため、研鑽に励んでいきます。

■ 支援の場と直接つながる
　「外国人児童生徒教育支援のための学生ボランティア派遣」

◆概要◆
　HANDSは、地域貢献面の事業のひとつとして「外国人児童生徒教育支

援のための学生ボランティア派遣」を 2010 年 10 月からスタートさせました。2013 年度の実績を見ますと、2013 年 2 月現在、学生の登録者数は 39 名（国際学部 26 名、教育学部 12 名、農学部 1 名）で、小中学校等への派遣数は 36 人（小学校 18 人、中学校 3 人、初期指導教室等教育施設 15）です（図 1「外国人児童生徒教育支援　学生ボランティア派遣事業　3 年間の推移」参照　※1）。

◆内容◆

当事業は、宇都宮大学教育学部スクールサポートセンター（SSC）が窓口となって進めています。事業開始にあたって、学外においては、県内の各市町教育委員会に協力依頼の文書を発信して理解を得ることに努めるとともに、県内小中学校に事業案内の配布を依頼して派遣申請を募りました。また、学内においては、掲示板に案内文を掲示するとともに、ボランティア募集説明会、事前研修会を通して学生に周知を図りました。

派遣までの流れとしては、まず SSC 宛にファックス（形式有）を送付することによって SSC が募集案内を作成し、大学内でボランティア学生を募り、該当する学生に事前研修を受けさせてから依頼先へと派遣するという流れとなっています。

また、主な支援活動は、日本語指導や適応指導のお手伝い、学習に必要な支援、指導教材作成の補助、共遊による人間関係づくりの補助、保護者通知文の翻訳作成の補助、国際交流活動のお手伝いなどとなっています。

◆成果◆

当事業の成果を確認するために、2012 年 11 月に過去 3 年間に学生を派遣した 18 校にアンケート用紙を配布したところ 17 校から回答をいただき、次に述べる成果が浮き彫りになりました。まず、派遣された学生の支援の様子

として「期待以上または期待通りの支援が得られた」と回答した機関が17に及んでいること、また学生の態度や服装も17の機関から「好ましいまたは問題なかった」という回答を得られて学生の本事業に対する姿勢が伺うことができました。一方で改善すべき点として、「長時間の支援活動」が10の機関、「本事業のＰＲが乏しい」が11の機関、「宇都宮大学との距離的な問題」が6の機関から回答があり、これからの課題として取り組まなければなりません。しかしながら、過去3年間で学生ボランティア派遣が各学校・施設や教育委員会にとって大変役立つものであったということは重要視しなければならないと共に、学生自身の意識が高まったということも当事業の成果の一つであると考えられます。これから、どんな支援ができるのかというもっと具体性を持って広報していく必要性があります。そして、今回のアンケートには取り上げていませんが人材不足という問題点もあります。多様な派遣内容に答えられるように、人材を増やす、学生ボランティアの登録者数を増やす、多様な言語を習得している学生をたくさん確保する、といった対策が求められます。

　今後は、外国につながりのある子どもたちが更に快適な学校生活を送ることができ、彼らが日本で生きていくための手助けとなることを願うと共に異なる文化を背景に持つ子どもたちが各学校・施設で共に勉強できる環境づくりの支援ができるように私たちは取り組んでいけたらと考えています。

参考資料 『3年間のあゆみ』

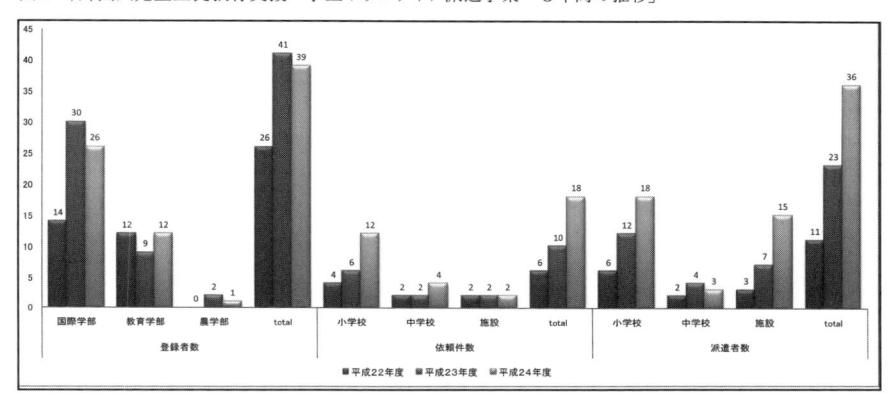

図1 「外国人児童生徒教育支援　学生ボランティア派遣事業　3年間の推移」

※1　宇都宮大学 HANDS プロジェクト主催「外国につながる子どもフォーラム 2012」(2012 年 12 月 1 日開催) 資料より抜粋

◆ボランティアに関わった学生の声◆

- この活動を通して、子どもと交流することの嬉しさや児童への対応に課題点があるものの自分の力ではどうにもできないもどかしさ、現場の先生方の苦労などを感じました。今後、外国人児童生徒の未来を見据えて現場に関われるようになりたいと思います。
- 子どもたちと一緒に学んでいて、「教えることは同時に学ぶこと」なのだ、と改めて実感します。私の将来の夢は、学校の先生になることです。実際に教師になれた際には、ここで学んだことを生かしていきたいと思っています。
- この活動で子どもたちと交流したことで、自分もずいぶん成長したように思います。

◆ボランティア受け入れた学校の担当者の声◆

中国から来た児童S君の学習指導を手伝ってくださっています。最初は日本語で自分の気持ちをうまく伝えられないS君の悩みを聞いてくださったり、中国と日本の学習習慣の違いなどを担任に教えてくださったり、児童のみならず担任もずいぶん助けていただきました。弟を思う姉のような優しさの中にも、

「やるべきことはしっかりやろうね」という熱い思いをもって指導に当たってくださっています。支援ボランティア学生の方の子どもを思う熱心で真摯な姿勢に触れる度に、私たち教職員も初心に帰る思いがします。これからも子どもたちの笑顔のために、私たちに力を貸していただけたらとても幸せに思います。

HANDS学生グループ「HANDS Jr.」作成

■ 多言語による高校進学ガイダンス
（後援：宇都宮市教育委員会、栃木県国際交流協会、宇都宮市国際交流協会）

外国人の多くが長く住み続けるようになり、日本への高校進学を希望する外国人生徒が増加しています。そこで、HANDSは、2010年10月に本学において「多言語による高校進学ガイダンス」を初めて主催し、以降、毎年10月に本学において開催しています。このガイダンスの開催の目的は、外国につながる子どもとその保護者に日本の学校制度や高校進学についての正確な情報を母語で伝えることです。使用する日本語の資料を、2010年度と2011年度開催分は、6か国語（ポルトガル語・中国語・スペイン語・フィリピン語・タイ語・英語）に翻訳しました。2012年度開催分からは、「協議会」参加校長などから要望のあったウルドゥー語を加え、7カ国語を用意しました。日本語版を加えた8カ国語の資料については、HANDSのHP「だいじょうぶ.net」よりダウンロード可能です。

HANDS事務局が、外国人集住地域のレストラン、商業施設などへポスターを掲示させてもらったり、本学のHPに開催案内を掲載してもらったりして周知活

動をしますが、県内 26 の市町教育委員会の協力により、参加申し込み書付き案内文の各小中学校への配布ととりまとめをしていただき、毎年多くの参加者たちが会場へ足を運んでくれています（表1）。

　本ガイダンスは3部構成です。言語別のテーブルに参加者に座ってもらい、第1部では、翻訳資料を使って、通訳者が母語で高校進学に関することについて説明をします。次に、第2部では、各テーブルで第1部の説明時に参加者から出た質問に学校教育関係者が答える質疑応答により、参加者の疑問の解消を支援します。各テーブルからの質問（表2）を通訳者が日本語に訳します。その質問に関係者が回答し、通訳者が参加者に母語に訳します。ひとつひとつのやり取りの合間に逐次通訳の時間を設けます。そして、第3部は、卒業生の体験談の時間です。体験談発表者はみんな、外国人児童生徒として日本の小中学校で学び、国籍や母語や日本への初入国年齢など様々なバックグランドを持つ、日本で高校進学を経験した現役高校生や大学生または社会人です。発表の内容は、高校入試についての成功談もあれば失敗談もあり、また日本での生活や学校生活などでの苦労話もありで、参加児童生徒もその保護者も、体験談に真剣に耳を傾けます。

　2011年度からは、外国につながる子どもが多く学ぶ地域での開催を計画し、まず、真岡市において実施しました。2012年度には、真岡市、大田原市、小山市において実施しました（表3）。それぞれの市教育委員会学校教育課、担当指導主事および学校教育関係者の理解と協力により開催できました。県央にある本学までは交通の事情等により参加できない外国につながる子どもとその保護者のためにも、HANDSは、関係者の方々と協力しながら、今後も「地域開催」を実施していきます。

表1 多言語による高校進学ガイダンス(本学開催)母語別参加者数

開催年月日	種類	児童生徒数	同行者数(保護者等)	学校関係見学者
2010.10.24	ポルトガル語	14	27	12
	スペイン語	8	14	
	中国語	4	7	
	フィリピン語・英語	4	9	
	タイ語	0	3	
	小計	30	60	
2011.10.23	ポルトガル語	2	3	10
	スペイン語	5	7	
	中国語	4	8	
	フィリピン語・英語	3	9	
	タイ語	3	4	
	小計	17	31	
2012.10.28	ポルトガル語	6	11	5
	スペイン語	8	21	
	中国語	3	4	
	フィリピン語・英語	2	4	
	タイ語	0	0	
	ウルドゥー語	3	2	
	小計	22	42	
合計		69	133	27
			229	

表2 第2部で出された質問(抜粋)

入試に関するもの	単願と併願の違い、県立高等学校と私立高等学校の違いについて
	特別A措置とB措置の受検資格・受検内容について
	フレックス選抜とは何か
	高校入試は日本語でしかないのか
	県立高校受検は、記述式か、マーク式方式か
高校の選択に関して	英語を専門に学べる県立高校やインターナショナル校はあるのか
	栃木県内の私立高校の情報が欲しい
	高校一日体験や高校での説明会の外国人親子での参加は可能か
高校入学後に関するもの	高校入学後のかかる費用や奨学金制度について
	調理師希望だが、高校で資格取得可能か
	専門学科からの大学進学の可能性はあるか
	生徒会費・PTA会費・図書館費の金額はいくらで、いつ分かるか
不安・相談・疑問など	公立中学校でのマンツーマンでの取り出し教科補充指導の不安
	高校入試は学力的に難しいと担任に言われた、どうしたらいいか
	親が日本語が分からないため、学校からの進路関係の文書について理解不能、どうすればいいか
	高校受検に失敗した場合、中学校に留年できるか

表3 真岡市、大田原市、および小山市における「多言語による高校進学ガイダンス」

開催地	真岡市	大田原市	小山市
開催日	2012.11.4	2012.12.2	2012.12.8
開催場所	真岡市公民館二宮分館	大田原市役所湯津上庁舎	小山東出張所
参加家族数(言語別)	ポルトガル語4、スペイン語3、フィリピン語7、ウルドゥー語1、中国語1、タイ語2	ポルトガル語5、スペイン語1、フィリピン語1	ポルトガル語6、スペイン語1、タイ語1、その他1
体験談発表者の背景	A子さん:ブラジルにルーツ・社会人 B男さん:ペルーにルーツ・宇大国際3年	C美さん:ブラジルにルーツ・高校生(定) D恵さん:ペルーにルーツ・宇大大学院生	E夫さん:ブラジルにルーツ・社会人 B男さん:ペルーにルーツ・宇大国際3年
質疑応答者数	教諭(県立高、公立小中)3、大学教員1	市教委指導主事1、大学教員1	公立小学校教職員1、大学教員1
協力者数	通訳9＋小中教職員6＋市教育委員会1	通訳5＋小中教職員9＋市教委指導主事3	通訳5＋小中教職員9＋市教委指導主事7
参加者アンケートより	・通訳がいて良かった。 ・疑問がある程度払拭できた。 ・体験談が聞けたことは、子どもにとってプラスになったと思う。	・高校入試の最新の情報が得られ、疑問点はすぐに通訳に聞けて良かった。 ・就職についても聞きたかった。 ・このような会をもっと開催して欲しい。 ・分からなかったことが分かり、すっきりした。 ・高校入試に関する心配は、日本人だけのものではなく、我々にも関わることだということを分かって欲しい。 ・もっといろんな情報提供をして欲しい。 ・高校入学についてシステムを理解できた。	・もっと、地域の高校の具体的な情報、学校名・学科・場所などの情報が欲しい。 ・娘の将来のために役立ったと思う。 ・すべての内容が自分にとって必要な情報だった。 ・このガイダンスを中学生にして欲しい。 ・体験談発表があって良かった。外国人として誇りを持っている姿勢がとても良かった。 ・説明がしっかりしていて良かった。 ・こういう機会があると、子どもと一緒に情報が得られるので、良かった。

参考資料　『3年間のあゆみ』

■ 地域への発信と相互交流
　「フォーラム」の開催

◆経緯◆

　「外国につながる子どもフォーラム」はグローバル化が進む社会において、外国につながる子どもたちのみならず、すべての子どもたちにとっての教育を充実させるために何ができるかを考える場として、設けた「フォーラム」です。毎年12月にHANDS主催及び県内の各教育委員会の後援・ご協力の下、今までに3回実施してきました。

◆第1回目◆

　第1回目の「子ども教育フォーラム2010」は、2010年12月4日に開催し、「外国につながる子どもの教育問題を考える」をテーマに2部構成で実施しました。第1部の「HANDSプロジェクトの取り組みと課題」については、プロジェクトメンバーである外国人児童生徒・グローバル教育推進協議会、外国人児童生徒支援会議、外国人児童生徒教育支援ボランティア派遣事業からの活動報告がありました。それを受けて、パネルディスカッションでは行政や教員などの立場の違う7名のパネラーによる議論がありました。第2部では「外国につながる子どもの進学問題を考える」と題して、「進学問題」を取り上げました。まず、HANDSが主催した「多言語による高校進学ガイダンス」の参加者内訳、実施内容、アンケート結果など、今後の課題について報告がありました。次に、子どもを高校に進学させた経験をもつ保護者による体験談発表がありました。最後に様々な形で外国人児童生徒に関わっている方を集めてのパネルディスカッションを繰り広げました。

◆第2回目◆

　翌年の第2回目は名称を変え「外国につながる子どもフォーラム2011」と題し実施しました。第1回目よりリニューアルした点はHANDSプロジェクトを通して外国につながる子どもたちと接してきた学生たちが企画・運営の主体となり、学生から感じた視点・考えを第1部の創作劇に表現したというこ

とです。創作劇は、3部構成となっていてどれも何気ない日常生活または学校生活を取り上げることによって外国につながる子どもたちがどのようなことに困っているのか、また、日本人にとって当たり前だと感じていることがかれらにとってはそうでないということを表現することができ、会場の皆様に深く理解・賛同を得ることができました。同創作劇は学生のボランティアでの経験や実際の当事者の方々の体験談をもとにシナリオを構成し、同時に外国人児童生徒及び保護者、日本人児童生徒及び保護者と学級担任など様々な視点を取り入れました。劇を通して、外国人児童生徒教育の現状と課題を知ってもらえるよい機会だと考え、達成できたのだと思います。

　第2部は教員向けの手引書である『教員必携シリーズ　第一弾』の意義や課題を多面的に検証する試みとして、教員やその他の本書使用者から意見をいただきました。第3部では、「多言語による進学ガイダンス」の現状と今後の課題について意見交換が行われました。

◆第3回目◆

　HANDSが3年目を迎えた第3回目の「外国につながる子どもフォーラム2012」は、第2回目同様3部構成で行いました。第1部は、学生が担当しました。今回は小中学校に通っている外国につながりのある子どもではなく、外国につながりのある大学生に焦点を当てました。2名の外国籍の学生と1名の日本国籍の帰国子女に体験談を話してもらいました。かれらの大学に至るまでの良いまたは悪い経験を伺うことができ、比較し様々な現状に考えさせられました。特に、外見的な問題だけではなく、かれらが今まで抱いてき

た思い、日本人児童生徒との考え方の違いによって表向きにできなかったことを知るよい機会となりました。果たしてかれらが感じていたことを今の小中高校に在籍する外国につながる子どもたちも抱えているのではないのかと考えさせられる第1部となりました。

　第2部では、「3年間のHANDSプロジェクトの成果と課題」をテーマとし、外国人児童生徒支援のための学生ボランティア派遣事業の説明とアンケート調査結果報告が行われました。そして、派遣校の2人の教諭から学生ボランティア派遣事業の実情や成果を語っていただきました。第3部では、「多言語による高校進学ガイダンスのあり方を考える」と題し、HANDSが毎年実施している多言語による進学ガイダンスのあり方について討論しました。

◆「フォーラム」を通して◆

　3回の「フォーラム」を通して毎年土曜日に開催されてきたにもかかわらず学生はもちろんのこと地域の方々の参加が年々増加していることに実施してきた意義を感じることができます。また、学生が主体となってフォーラムを構成していくことが学生の関心の高さを感じると共にフォーラム自体に新たな視点をもたらしてきたのではないのでしょうか。そして、HANDSが課題として抱えている事項及び改善できる点を様々な視点及び方々と議論することによってプロジェクトの更なる発展を目指していけるのではないのかと感じています。今年の12月も皆様のご参加をお待ちしています。

HANDS学生グループ「HANDS Jr.」作成

刊行物とネットワーク
『中学教科単語帳』シリーズ

　外国につながる子どもたちの学習活動では、学習言語の習得が大きな課題です。本シリーズは、教科書に出ている学習言語を翻訳する辞典で、小中学校での自主的な学習活動を支援し、進路に向けた目標づくりの手助けをします。2012年度までに、タイ語版・スペイン語版・ポルトガル語版を刊行しました。今後は、フィリピン語版等、さらに多言語版の作成を予定しております。

〈本体収録単語数約2500語（数学…約340語、英語…約130語、地理…約800語、理科1分野…約400語、理科2分野…約830語）、別冊掲載図数…170〉

ひらがな Hiragana	漢字 Kanji	ポルトガル語 Português	
う	うへん	右辺	lado direito (da operação), segundo membro	⑦
え	えいかく	鋭角	ângulo agudo	⑧
	えん	円	círculo	
	えんしゅう	円周	circunferência	⑪
	えんしゅうかく	円周角	ângulo inscrito	⑫
	えんしゅうりつ	円周率	constante de Pi (π)	
	えんすい	円錐	cone	⑱
	えんちゅう	円柱	cilindro	⑱
	えんちょう	延長	extender, extensão	
お	おうごんひ	黄金比	proporção áurea	
	およそ	およそ	aproximadamente	
か	かい	解	solução	
	がいかく	外角	ângulo externo	⑬
	かいすう	回数	número de vezes	
	がいせつ	外接	circunscrição	⑧
	がいせつするえん	外接する円	círculo circunscrito	⑧
	かいてん	回転	rotação	
	かいてんたい	回転体	corpo giratório	㉑
	かいてんのじく	回転の軸	eixo de rotação	㉑
	がいぶ	外部	parte exterior	
	かく ABC	∠ABC	ângulo ABC	
	かくこう	各項	cada termo	
	かくすい	角錐	pirâmide	
	かくだいず	拡大図	figura ampliada	
	かくちゅう	角柱	prisma	㉟
	かくりつ	確率	probabilidade	

172

参考資料 『3年間のあゆみ』

ひらがな Hiragan	漢字 Kanji	ポルトガル Português
くっせつ	屈折	efração
くっせつかく	屈折角	ângulo de refração
くっせつこう	屈折光	e ração da luz
くべつ	区別	diferen a, distin ão
くみたて	組み立て	onta e
くらべる	比べる	om arar
ぐらむ	グラム(g)	grama (g
くりっぷ	クリップ	clipe, pinç
くわしく	詳しく	detalhes, pormenores
けいすう	係数	fi i nt
けいゆ	軽油	gas leo
けっか	結果	esulta
けっしょう	結晶	crista
げん	弦	r
げんし	原子	t m
げんしりょくえねるぎー	原子力エネルギー	energia nuclea
げんしりょくはつでん	原子力発電	geração e energia nuc ear
げんそ	元素	elemento qu mico
げんそきごう	元素記号	imbolo do elemento qui
けんびきょう	顕微鏡	ic
げんゆ	原油	etr
げんり	原理	rin
げんりょう	原料	at
こうげん	光源	font
こうさつ	考察	con
こうせん	光線	aio

173

『教員必携　外国につながる子どもの教育』シリーズ

　小中学校で外国につながる子どもの支援に当たる教職員にとって、学習支援、生活適応から進路指導に至るまで疑問や悩みはつきません。本シリーズは、そのような教職員を応援する指導の手引です。現場の先生方との情報・意見交換をベースに、「使いやすさ」を第一に考えて作成しています。

ニュースレター「HANDS next 」

　年４回発行しています。HANDSプロジェクトの事業の報告やスタッフによる関連記事、行事の案内などを掲載し、栃木県内の全小中学校や教育委員会、自治体の国際交流協会などに配布しています。これからもHANDSプロジェクトの成果や地域に即した情報を発信していきます。

HANDSのネットワーク「だいじょうぶ.net」

　外国につながる子どもを支援するすべての人が情報を交換し相互に研修できる場を目的としたホームページ「だいじょうぶnet.」を開設しました。学校で支援する教員にとどまらず、自治体で支援にあたる方々やボランティアの方々まで、ここに集まって情報を収集したり意見交換が行えます。また、外国につながる子どもの教育に関する疑問や悩みを問い合わせフォームから送信すれば、経験豊かな指導者によって回答するという画期的な取り組みもしています。そのほか資料ダウンロードページからは『教員必携　外国につながる子どもの教育　Q&A・翻訳資料』の資料がダウンロードできます。

声・こえ・コエ・KOE

■外国人児童生徒・グローバル教育推進協議会メンバーから

A 市教委担当指導主事：

　年々HANDSプロジェクトの存在が大きくなっている。フォーラムで登壇し、他市教委の指導主事ら関係者と話をした。大学と教育委員会がタイアップして外国人児童生徒問題に取り組んでいくというのは、全国的に稀なケースであると知った。HANDSプロジェクトと関わっていくにつれ、HANDSプロジェクトから欲しい情報を提供してもらえたり、必要な教材の提供を受けたり、意義が大きいと感じた。

B 小学校長：

　現在約40人の外国人児童が本校に在籍。HANDSプロジェクトの役割は大きく、側面的な支え、これがなかったらどうなったんだろうという一面もある。各市町教委と県教委との連携、日本語指導教員以外の教員の理解、校内教育、これをなくしては、外国人児童生徒教育はあり得ない。ますます協力していかなければならないとつくづく感じている。「26年度から日本語教育課程化」の新聞記事を初めて今日見たが、国の基本の筋が一本入ると、相当違うな、と思う。

C 中校長：

　3年間、本協議会に参加。この3年間、HANDSプロジェクトそのものが、大きく前進した。一気に飛躍しているということではなくて、地道な取り組みが積み重なって前進しているなと感じている。単語帳もしかり、ガイダンスもしかり。生徒は、日本語は話せても、入試という壁、大きな障害があり、また高校に入ってもやめてしまうこともある。本市の担当教職員は、大変熱心で、手弁当で熱意によって支えられている。今後もHANDSプロジェクトによる指導者研修の充実を掲げて、HANDSプロジェクトの事業を長くやっていただけるとありがたい。

参考資料 『3年間のあゆみ』

■『教員必携 外国につながる子どもの教育』シリーズについて
文部科学省 初等中等教育局 国際教育課職員：

　豊富な翻訳資料とともに、きめ細かなQ&A（シリーズ1作目）を興味深く拝読いたしました。修学旅行への参加など、文化の違いからくる子どもや保護者の戸惑いなどにどのような配慮とともに対応していけばよいか大変丁寧にまとめてあり、これから外国につながる子どもたちに接していこうとする方にも大変参考になると思いました。

　また、「外国につながる子どもの教育の原点とは何か」を拝読しているだけでも、「まずはやってみよう！」と前向きになれるのではないかと感じます。

■『中学教科単語帳』（日本語⇔スペイン語）について
ウルグアイ大使館職員：

　HANDSプロジェクトの中学教科単語帳を当大使館のウェブページ（スペイン語版）にてご紹介させて頂きました。スペイン語圏の外国人生徒がスムーズに日本語で授業が受けられる状況へ移行するために、非常に有用な書物であると存じます。

■「外国につながる子どもフォーラム2012」アンケートより
小学校教諭：

　大変視野の広がる機会となりました。学生たちがとても真剣に取り組み、考えていることが分かったことも嬉しいです。小学校に勤務していると、どうしても「今必要な研修」にばかり目が向いてしまうので、今日のように幅広い人が集い、幅広い視点から、1つのことをみんなで考える機会をいただいたことに感謝します。

教職員：

　気軽な気持ちで参加させていただきましたが、このプロジェクトの意義の大きさと関係する方々の熱意を強く感じました。今後ますます事業が発展することを望みます。

■「外国人児童生徒教育支援のための学生ボランティア派遣事業」について

派遣先校担当教諭:
　学生ボランティアにサポートしていただきまして、子どもの持っている力、のびしろをのばすサポートをボランティアで長期にわたりしていただきまして、本当に感謝をしております。

ボランティア学生:
　互いに気づき合い、学び合うということの大切さを改めて理解することができ、また子どもたちの成長も実感でき、毎週のボランティアの時間が楽しみになっています。私にはほんの少ししかできることはないけれど、かれらのためになるなら、どんなことでも地道に続けていきたいと思っています。

■「多言語による高校進学ガイダンス」アンケートより

外国人児童生徒 A:
　一つ一つのテーブルに通訳者がいて、とてもわかりやすかった。

外国人児童生徒 B:
　工場の肉体労働で頑張っている親の「あなたのよりよい将来を考えているんだから」という言葉が身にしみたので、私ももっと最大限頑張ってみます。

外国人児童生徒の保護者 C:
　外国人生徒やその保護者を真剣に心配し支援してくれた企画でした。

外国人児童生徒の保護者 D:
　受検で疑問に思っていることは、学校に相談しないといけないことが分かった。

■『中学教科単語帳』（日本語⇔ポルトガル語）について

　Sou brasileira e trabalho há 10 anos com a educação em uma escola brasileira na região de Oizumi, em Gunma. Atualmente estudo o último semestre do curso de Pedagogia a distância, pela Universidade Federal de Mato Grosso, em convênio com a Universidade Tokai , no projeto Brasil-Japão.

　Primeiramente, quero parabenizá-los pela iniciativa da publicação do livro: "Vocabulário Ensino Fundamental: Português-Japonês", contribuindo assim de forma positiva para impulsionar o processo ensino-aprendizado de crianças brasileiras, estudantes em escolas japonesas.

　Através do site da Embaixada do Brasil, tomei conhecimento sobre esta publicação e muito me interessei. Gostaria de poder recebê-la e apreciar o trabalho da equipe da Universidade de Utsunomia, que é mais uma oportunidade de ampliar o aprendizado.

（要約）

　私は、群馬県大泉町にあるブラジル学校で仕事をしながら東海大学関連のマト・グロッソ大学の通信制で勉強教育科の「ブラジル・ジャパン」プロジェクトを進めています。

　はじめに、この本を企画して頂いて素晴らしく思っています。その企画を通して、日本学校に通うブラジルの児童達の教育にとてもプラスな影響を与えています。

　ブラジル大使館のサイトを通じてこの企画を知り、深く興味をもちました。宇都宮大学のこの刊行物を頂きたく連絡させていただきました。

参考資料②
「教員の声」
(2008年度「栃木県外国人児童生徒在籍校調査」より)

2008年度に実施した「栃木県外国人児童生徒在籍校調査」では、公立小中学校の教員に「外国人児童生徒の就学を義務とはしていない国の現行方針」、「外国人児童生徒への義務教育の適用」、「外国人児童生徒教育のあるべき姿」の3点について意見を聞いている。
　「現行体制」と「義務教育化」については様々な意見があったが、圧倒的に多かったのは、何よりも就学の機会を保障することが大事だという意見である。この意見は、日本に定住するにしても、将来帰国するにしても、今日本に住んでいるのだから、その事実を踏まえ、就学できるように働きかけるべきとの意見とつながっている。就学の意義としては、日本語習得に留まらず、学ぶべき様々な「力」や経験の重要性が指摘されている。それは、「生きていくのに必要な学力」、「多様な生き方を受け入れ成長しようという心を育てるべき」、「同年代の人間や人との関わり方」、「多様な生き方をしていくための力を身につけさせること」、「生活力や社会で生きていくための力」、「集団生活の場での経験」、「集団で生活することで身につくもの（協調性・思いやり）があると思う」、「生活習慣」等の言葉に表れている。
　教員間の協力、全校的な取り組み体制、行政の課題に関する意見も多く出された。それらの意見は、「担当者の研修の充実、母語の分かる指導員の配置の充実などが必要だと思いますし、学校としても学校全体、全職員で指導にあたるという体制をつくっていくことが大切だと思います」、「‥学級担任にばかり負担がいってしまう点に問題があるので、学校内で組織的に指導態勢を組んでいくことが出来るとよい」「行政システムの中に工夫がなければ、学校では対応しきれない」、「一学校や一教師に頼りがちな指導方法になっているので、文科省や県、市教委でまとまった方針を出して欲しいと思います」、「拠点校や外国人児童生徒在籍校、教育委員会の職員が集まり、検討委員会をつくり話し合っていく」等の言葉に表れている。現場で外国人児童生徒に向き合っている教員の多くは、「生きていくための力」や「多様な生き方を受け入れる力」を意識した指導を行っていることであろう。しかし、こ

参考資料 『教員の声』

れらの就学の意義をより意識して外国人児童生徒教育の中身や方法を検討・実践していくためには、なおさら、日本語教員やクラス担任等として外国人児童生徒に関わる教員1人1人が「何をなすべきか」というレベルを超えた課題や取組について討議し協力していくことが必要となろう。それは、教員・学校・行政がそれぞれの課題と、協力して出来る課題とを同時に追究していくことを意味している。

　ここでは、「現行方針」と「外国人児童生徒教育のあるべき姿」についての拠点校日本語教室担当教員の声を収録する。

問①　外国人の子どもに対し日本の公立小中学校への就学は義務ではなく、希望する場合には受け入れる、という現在の文部科学省の方針をどう思われますか。

・日本人・外国人と区別することなく、教育の機会は均等であるべきと考える。教育は義務であるので同様にしてほしい。
・希望する児童が多いと思われますので、学校の指導整備をお願いしたいです。
・仕方のないことだと思います。むしろ充実してほしいのは普通の学校に入学する以前の教育です。日本の学校について学習する場を作ることだと思います。日本語も全くゼロの状態で入学してくるのではなく、1〜2ヶ月程度のガイダンス的なものを受けてから入学してくる、というシステムがあれば良いと思います。
・各家庭の事情により、適当だと思うが、行政はきちんと母国語で、その旨を詳しく説明するべきだと思う。
・場合による。親がしっかりしているなら良いが、放ったらかしになると考えものだと思う。無就学児童が増えると社会が荒れる。
・希望する場合だけでなく、就学年齢になったら、就学させたほうが良いと

183

思う。基本的生活習慣の修得や集団生活の適応など道徳的なルールや決まり等も学校生活で学ぶことができるから。
- 良いと思います。外国人児童生徒も教育を受けることができて当然だと思います。
- 現実的な方針だと思う。妥当な線ではないかと思う。
- 日本人の子どもと同じように就学を義務付けられることが望ましいと思う。
- 本市においては、不就学は小学校ではあまりなく、あまり問題はないと思われる。しかし、中学校においては学習についていけなければ退学すればよいとの安易な考えがあり、逃げ道となり、やがて退学・不就学となる温床である。
- 受け入れることによって、大変な思いをしている担任の先生を見ているので、これからは外国人の受け入れも考えてもらいたい。義務がないのに受け入れるのはおかしいと思う。
- 学校生活に適応できなくても就学は希望しているという現状がある。
- 日本に永住する予定の児童は、義務にしてもよいと思います。
- 基本的に賛成であるが、それは親が子供の教育を責任もって手当てできる場合である。現実には親の無理解のため、子供に教育を受けさせず、ものを考える力もつけさせてやらないで、取り返しのつかない結果にさせている例も多いのではないか。
- 良いと思う。
- 法律でそうなっているのだから、文科省の方針は正しいと思う。
- 義務にするという大前提に疑う余地はない。義務にすべきかどうか―という議論は、それに関わる諸分野における多くの問題をいかにクリアするか、もしくはクリアできない要素をそれぞれの分野内で解決できるか否か根本的に義務化は人権上議論の余地なし。
- 日本に在住している以上は不就学に対する対策が必要。
- 不就学の問題で騒いでる一方で、就学が義務ではないというのは矛盾する

ことだと思います。また学校側としても「就学の義務がないから」ということで、受け身的な指導になってしまうような場面もあるように思います。就学に関して義務化を図った方が良いのではないかと思うことがあります。ただ、それには、行政や学校でもっともっと外国人を受け入れる体制を作っていくことが大切だし、必須条件だと思います。ただ就学させるだけでは、学校側の負担が大きくなるだけだと思います。

・今の方針でよいと思うが、受け入れるのであれば、国・教育委員会が外国人児童教育のさらなる充実を図るべきである。例）教員(外国人児童生徒教育担当)を増やす、バイリンガル教員の採用。
・問題はない。むしろ外国人の子どもの保護者の方が就学への関心が高く、希望をする。
・妥当と考える。ただし就学しないことで社会にマイナスを与えるようなことがあるとすれば問題。
・どの子にも教育が受けられるように義務化したほうがよいと思う。
・外国人であろうとなかろうと、集団生活や最低限必要な学力があると思うので義務化したほうがいいと思う。
・良いと思います。ただし、受け入れに際しては、日本の教育システムを理解していただく必要があります。そのために人的・設備的な負担をも軽減していただける制度を求めます。
・日本国憲法には「日本国民は…」という言葉で暗に、日本国籍ではない子どもに対しての就学の権利や親への就学させる義務を持たない、としている。しかし、人道的配慮から考えると、日本に生活している以上は日本人と同様に義務教育課程に通って、学ぶべきことは学んで、しっかりと社会へ出てゆける人間に育ってほしい、という日本語教室担当者の願いがあります。
・小学生には、母国語を使いこなせる教師なり、ボランティアを充実させ、中学校から、日本の普通学校で一緒に学習させるようにして、義務教育の

小学校段階では弾力的に扱えるようにしたい。
- とても難しい問題だと思います。出身国の教育が義務教育であれば、日本での就学は当然義務が望ましいと思いますが、現状では希望者の受け入れが妥当のように思います。ただ、就学させる場合、保護者も学校との関わり、連携が必要だということを（特に生活指導も含めて）もっとしらせてほしい。（特に市町村教育委員会での最初の手続きの際）
- 良いと思います。
- それは矛盾している。子どもには必ずしも教育は必要ないということになり、日本人の場合にもその考え方が当てはまってしまうことになる。

問② 日本の小中学校には、外国籍で日本語指導が必要とされる児童生徒、外国籍ではあるが日本語指導が必要でないとされる児童生徒、日本国籍であるが日本語指導が必要とされる児童生徒がいます。このような状況をふまえ、外国人児童生徒教育のあるべき姿について、ご意見をお聞かせください。

- 国籍で区別するのでなく、日本の学校で教育を受けるのに足る日本語能力を有するかどうかで判断されたい。判断基準は各校におまかせなので、全国的に統一された一定の基準を設けてほしい。
- 日本語教室への配置教員を増員していただきたいことと、また外国語等の研修機会を作っていただきたいと思います。
- 楽しく通学できるような体制づくり。
- 何をどう考えるのか、評価をどうするか等文科省の指針をいただきたいです。
- きちんと日本語能力をはかるための（年齢に応じた）調査用紙を作り、そのレベルにより日本語教室での指導の内容が決められるようなものが欲しい。日本語教室に通うために、送迎がネックになることがあるので送迎バ

参考資料 『教員の声』

スなどが用意されると良い。アパート等を決める前に、どの地区に日本語教室があるか知らせられると良い。
・柔軟な対応をするのがよい。必要な子に指導してあげるべき。また拠点校に通学できない子を救う手立ても必要。
・本校では基本的に保護者の了解を得てから、日本語教室の通級を行っている。また、両親が外国籍で日本語が不十分な児童を日本語教室で指導している。この基本的方針は、今後も変わらず継続していきたいと考えている。
・外国人児童生徒も日本で生活を送るからには日本語の学習は最重要になると思う。コミュニケーションが日本人とスムーズにとれるようになると毎日の生活も楽しくなると思う。
・国籍に関わらず、その子がどうすればその子のよさを引き出せるか、どういう支援が必要かを考えるべきだと思います。そのための校内体制を作れるように行政と協力しあうべきだと思います。
・まず十分な予算を確保して、日本語指導助手の先生を外国人児童生徒が在籍する学校に全て派遣することが大切であると思う。
・国籍がどうのではなく、必要に応じて教育を受けるべきだと思う。
・国籍に関係なく、必要な児童生徒に関しては教えるべきである。
・日本語を話すことができて、授業にもついていける子供は、友人関係もうまくいき、楽しく学校生活を送れるが、日本語はできても、勉強が嫌いで人と目が合うのが嫌だという生徒などは、わがままで自分勝手なので、教室に入らなかったり、不登校になったりしている。義務がないので、（簡単に）退学したり、「帰国するから学校へ来たって意味がない」と言っている生徒が多い。これからは、やはり日本語学級で面倒を見ていくしかないと思う。
・日本に永住する予定の児童は、義務でもよいと思います。日本語教育が必要な児童は、学校で学ばせることが本人にとっても良いことだと思います。
・外国人児童生徒数によって拠点校や加配が決まっているが、実際には日本語指導、教科補充が必要な児童生徒数にそって手当てしていくべきである

と考える。子供の日本語の読み書きが上達した後でも、家庭環境や母語の修得、帰国するか否かなど状況が複雑なため、親も含めて、精神的サポートができるようにしていく必要がある。
・多文化共生社会に向けて、学校もニーズに応じた対応を取るべきだと思う。（国籍にこだわることは、あまり意味がないように思う）
・政府が法律を整え、人的、経済的な援助を計画的に行い、教科書等、教材も整えるべきだと考えます。
・何がベストもしくはベストに近いかは取り組んでみないと分からない。現在の数の推移を見ていると、その急変化に対策を考えあぐねてしまうのも事実。2〜3年先を見通して自治体レベルで共通の基盤を作り（経済的・人的含め）、その後はフレキシブルに改善していくしかない。相手は人間なので手探りでやるしかない。
・市町村・県・国である程度の指針を示して欲しい。地域で格差があまりにも大きく、日本語教育に関わっているひとりとして、大変悲しく、残念な思いが強い。
・担当者の研修の充実、母語の分かる指導員の配置の充実などが必要だと思いますし、学校としても学校全体、全職員で指導にあたるという体制をつくっていくことが大切だと思います。
・学齢期に達した児童は国籍の有無にとらわれず、日本で生活をしていく以上、平等に教育の機会を与え、必要に応じてサポーターを配属し、外国人児童教育が指導者の過重負担とならずに進めていけるとよい。
・国籍に関係なく児童一人一人の日本語力、教科の進度等に応じた指導ができる体制を敷けばよいが、むしろ現場の問題は保護者の日本語力や学校への理解度である。児童には問題があまりなくても家庭や保護者に問題がある場合が多々見られる。その部分にいかに対応するかに頭を悩ますことが多い。
・国籍にかかわらず、日本語指導が必要な児童生徒には、学校生活に適応

できるように、十分な支援をするべきだと思う。
- 日本での教育は日本語による指導で、日本語を修得していることを前提として展開されています。ですから、いくら文字の読み書きができたとしても、自分の思いや考えを相手に伝えることや、言われたことを理解して行動することが難しい外国籍児童がいます。ですから、そういった児童が学校生活や授業などに少しでも多く参加していけるよう支援していくことが外国人児童教育のあるべき姿だと思います。
- 公立の中・小学校では、日本人の児童生徒に対しては、かなりきめ細かく対応が行われていると思います。[例:クラスでの個別対応、特別学級(学習障害、情緒障害者クラスなど)、ことば教室など] 外国人の児童生徒に対してももっと門戸が開かれたらと思います。基本的には日本語の修得ではないでしょうか。
- 両親共に外国籍で、家ではポルトガル語しか使用しない子どもは、たとえ日本国籍を取得しても、学習についていけるだけの日本語力はなかなか獲得しがたい、というのが現状です。もっと門戸を広くとらえて「言葉の学習教室」「日本語力養成教室」という枠で、国籍を問わない通級指導が望ましいです。(現在、本教室はこのスタイルですが、教育委員会や各種調査への数の報告と、実際の通級生徒の数とズレが生じ、いつも困っています)
- 保護者に子供の教育や進路選択について考えたり相談したりできるゆとりや窓口・人材を充実させたい。
- 日本語指導教員、文書等の翻訳を中心とする教員等、数名の指導員が分業したり、ローテーションしたりして関わることが大切だと思います。孤独な立場であり、心労も耐えないので、新しい指導者が増えていかないのも現状です。
- 昨年度は毎週木曜日に母語のできる外国人児童相談員が来ていたのですが、今年は全く来てくれません。年度当初には来るという予定で打ち合わせしたものですから、ぜひお願いしたいです。

・現在ボーダーライン上にいる児童数は多いようです。国籍で線引きしてしまっているのが諸調査ですが、実際の指導・支援はその線引きとずれてきます。「外国」という言葉を外して、「日本語および日本文化への適応指導が必要な児童生徒」としたらよいと思います。また現在中3生徒を預かっていますが、本人も家庭も私も中3後さらに半年から1年必要だと認識しています。しかし、学齢の問題で3月に受験(日本語面接と作文)せざるを得ません。結果が否の場合、学習を続けることができなくなります。ボランティアで手伝いに来るという名目で実質的な日本語および教科に関連する指導を行うことも視野に入れています。学齢についても融通のきかない線引きがあります。そして、地球市民という考え方に基づいて受け入れ、日本人についても良い地球市民の1人となるような教育を目指すべきだと思います。

参考資料 『教員の声』

おわりに

　1990年代に入りニューカマー系の外国人児童生徒が増加したといっても、日本人児童生徒に比べれば圧倒的に少数である。全国的にも、栃木県でも、全児童生徒に占める外国人児童生徒の割合は1%に満たない。このような少数者になぜそんなに向き合い、支援しようとするのか、と時々聞かれる時がある。状況に応じて強調する論点は異なるが、大体以下のような回答を意識している。
　第一に、日本における外国人児童生徒の存在や増加は、日系南米人の大量流入を促すとともに、非正規滞在者の流入と定住化を「黙認」してきた日本政府の独自な外国人労働者受入政策の産物である。この意味で、日本政府および日本社会は外国人児童生徒の教育問題に真摯に向き合う責任を負う。第二に、高校進学出来ないこどもや不就学の子どもを放置すれば、かれらは「下層」として日本社会に固定化されていく。それは、将来、日本社会が大きなリスクを抱えることを意味する。第三に、日本経済の停滞と少子高齢化により、日本企業のグローバルな展開と日本国内の地域のグローバル化を支える人材の育成が広く問われている。定住化が進む中で、外国人児童生徒も将来の日本を担う「グローバル人材」の候補生である。第四に、日本人児童生徒の国際理解教育は、従来、専ら英語重視で外国を見てきたが、外国人児童生徒との交流や相互理解を取り入れることで、より効果的な教育となる。最後に、外国人児童生徒が成長することは、「少数者」でも「弱い者」でも希望を持って生きられるという強いメッセージを子どもたちに与える。
　本書は、上記のうち、特に2番目の点を問題意識として作業してきたものをまとめたものである。ここでは、これまで述べてきたことと若干重なる点もあるが、いくつかの観点から、ほぼ10年に及ぶ道程を振り返るとともに、今後の課題を展望しておく。

おわりに

1　2期目に入ったHANDS

　HANDS3年間のあゆみ（2010-2012年度）は参考資料①に示されているが、展開してきた事業のなかで、当初計画の段階では具体的なビジョンとなっていなかったものが2つある。

　1つは、『中学教科単語帳』の刊行である。3年間でタイ語・スペイン語・ポルトガル語の3か国版の『中学教科単語帳』を刊行したが、単語帳の刊行は当初の計画にはなかった。その直接の契機は、HANDSに集った面々で自ら何が出来るのか、そして外国人児童生徒教育支援に取り組んでいる様々な関係者との協力関係をどのように築いていけるのかについて検討を進める中で、タイ語の講師の先生とタイに留学経験のある学生たちがタイ語の単語帳作成に取り組んでいることを知ったことにある。国際学部では第二外国語の専門科目として6言語（ドイツ語、フランス語、中国語、朝鮮語、スペイン語、タイ語）を開講しているが（選択科目としてはロシア語とポルトガル語も開講している）、タイ語を学んだ学生たちがタイ人の子どもたちに日本語学習支援を続けるなかで、「学習用語の辞典」の必要性を痛感し、単語帳の作成に向けた準備を始めたという。非常に大事な取り組みであると感心したが、いつまでに刊行するという明確な目標もなければ、予算的な裏付けもない状態であった。そこで、HANDSの事業の一環としたいと相談を申し入れた。合意が得られてからは、協力して急ピッチで作業を進め、初年度の成果となった。単語帳の最初の刊行物がタイ語版となったのは、このような事情による。この作業と刊行物に対する反響から、この種の単語帳が子どもたちの学習支援に直接役立つ教材であることを教えられることとなり、継続して刊行していく方針を立てた。栃木県にペルー人やブラジル人等の南米系児童生徒が多いことを踏まえ、2年目はスペイン語版、3年目はポルトガル語を刊行した。

　HANDSは、プロジェクト・メンバーが様々な事業を直接担っていくことを一番大きな課題とするが、一方で、外国人児童生徒教育支援に関わる様々な関係者を「つなぐ」ための拠点となることを願って出発した。単語帳は関係者の

193

手がつながった産物として生まれた。

　もう1つは、「外国人生徒の中学卒業後の進路調査」で、これも当初の計画の中で明確なビジョンとして位置付けられていたものではなかった。2008年の11月から12月にかけて行った「在籍校調査」で外国人生徒の中学卒業後の進路状況の把握を試みたが、外国人生徒の卒業生の半数近くを把握できないという結果に終わってしまった。その後、進路調査の必要性は感じつつも、具体的な議論が進まないまま、初年度の2／3が過ぎた。栃木県内の小中学校には何度か調査をお願いしてきていたので、新たな調査を計画して協力を依頼するとさらに負担をかけてしまうのではないかという不安や遠慮に近い気持ちもあった。このような状況の中で初年度末の3月に第一回目の進路調査が実施できた背景としては、「外国人児童生徒・グローバル教育推進協議会」での議論が決定的に大きい。既述したようにこの協議会は、栃木県教育委員会のほか、県内主要地域の教育委員会・小中学校長に参加いただいている会議である。初年度最後の協議会（協議会は年3回開催）を前にして、やはり栃木県全域をカバーする進路調査は必要であるとの認識をHANDSメンバー一同が確認・共有したうえで、2011年1月の協議会で調査実施についての提案をした。調査の目的と方法、調査結果の活用の仕方に関する説明文と調査票案を予め送付しておいて、当日の会議に臨んだ。調査希望実施時期（3月）までに時間がないことに加え、「負担」や「個人情報」等の理由で難色を示されるのではないかと内心思っていたが、参加者からは実に好意的で建設的な意見を多くいただくことが出来た。様々な関係者との協力関係が出来つつあるとの手ごたえを強く感じた瞬間であった。3・11東日本大震災が起こり、一時迷ったが、思い切って実施した。これまで3回実施したが、毎回、教育委員会・学校関係者のご理解・ご協力で高い回収率を得ることが出来ている。

　さて、HANDSは、2013年度より　正式名称を「グローバル化社会に対応する人材養成と地域貢献―多文化共生社会実現に向けた外国人児童生徒教育・グローバル教育の推進―」から「北関東を対象とする外国人児童生徒支

おわりに

援のための地域連携事業」に変え、引き続き文部科学省特別経費プロジェクトとして 3 年間のスタートを切ることが出来た。

　外国人児童生徒教育支援事業とそのための実践的研究が中心的課題であることは連続しているが、まず、対象地域として、栃木県を中心にしながらも、茨城県と群馬県を視野に入れることとした。県境を越えて移動・移住する人も結構いると思われる。各県で取り組まれてきた外国人児童生徒支援事業から相互に学ぶべき点は大いにあるであろうし、関係者が協力連携して「北関東」という枠組みで事態に向き合ったほうがより効果的な成果を残せる可能性が高い。

　2013 年 12 月に開催したフォーラムでは、「北関東における外国人児童生徒教育にどのように向き合うか」について 3 県の関係者が意見交換をした。2 年度目には具体的な取り組みに着手したいと考えている。

　HANDS2 期目の大きな特徴は、HANDS に関わる学生組織 HANDS Jr. の正式な発足である。それまでも、学生ボランティア派遣事業として派遣先の学校で外国人児童生徒の学習支援を行う学生はもとより、多言語による高校進学ガイダンスやフォーラムに関わる学生はいた。しかし、基本的に、学生の参加は単発的で部分的だった。少なくとも 1 年という単位でより主体的に関わりたいという声が学生から強く出されるようになり、HANDS Jr. の発足となった。メンバーには、外国人児童生徒として日本の小中高で学んだ学生を含め、外国にルーツがある学生や留学生もいる。ちなみに、国際学部は、毎年のように外国にルーツがある学生が入学してくるが、この点、他国立大学の関係者から、珍しく、ユニークな学部であるとよく言われる。

　HANDS2 期目の初年度に HANDS Jr. が大きく関わったのは、サマースクール、サマーキャンプそしてフォーラムである。サマースクールは、基本的に夏休み期間中を利用して行われる宇都宮市内の小学生の国際理解教育であるが（宇都宮市東生涯学習センターと共催）、毎年、県内ブラジル人学校の児童生徒との交流事業を盛り込んでいる。サマーキャンプは、今年度、HANDS4 年目に

して初めて実施した。内容は宇大生と茨城県にあるブラジル人学校児童生徒との交流事業で、県内の宿泊施設を利用して一泊二日の合宿形式で行った（2013年8月19-20日、栃木県芳賀青年の家）。ブラジル人学校としても初めての経験であったという。このサマーキャンプは、2013年末に開催したフォーラムでの学生企画「宇大生×Educare生徒　日伯ユースサミット2013～国際化する日本の光と影～」につながった。

2　「実践」と「協働」

　2004年秋から、重点研究とHANDSという形を通して、外国人児童生徒教育問題に関わってきたが、そもそものきっかけは、当時の藤田和子国際学部長より、国立大学が法人化し大学の地域貢献が一層問われていくことになるなかで、研究代表者として国際学部らしいプロジェクトを立ち上げてほしいと依頼されたことにある。最初から「外国人のこども」という枠が固まっていたわけではない。学部長より、可能性のある1つのテーとして、「外国人の子ども」の問題が提起されたのだと記憶している。栃木県には小中学校の現職教員が半年間本務を離れて宇都宮大学に研修に来る内地留学制度があるが、国際学部に来る内留生の主な目的はポルトガル語と外国人児童生徒教育に関する研修であった。これらの研修は、本務校にポルトガル語が母語であり日本語がよくわからないブラジル国籍の児童生徒が入学してくるようになった事態への対応という性格を強く持っていた。日本語が分からず日本の学校への適応が難しい子どもたちがいる一方で、日本語が分からない子どもたちに日本語指導、適応指導、教科指導をどのようにすれば良いのか戸惑う教員がいる。藤田学部長は、内留生の声などを通じて、そのような学校現場の状況に対する認識を深め、先の問題提起を投げかけたのだと思う。

　国際社会学に関わる者として、国際的な人の移動や外国人労働者問題には高い関心を持っていたが、わたしはそれまで「子ども」にはほとんど目を向けていなかった。今から考えれば、「大人」だけに関心を向けていた偏りを痛感する。

学部長からの提案・依頼を受けて、少し考えてみた結果、「やってみよう」という気になった。しかし、それはある意味「未知」の領域であった。専門家不在で、小学校に通う子どもは「児童」、中学校の場合は「生徒」という、そんな分類もよく知らない面々が集まって、まずは、現場教員やこの分野で実績を残してきた研究者の話を聞くことから、作業を始めた。

　大まかに言えば、HANDS に先立つ重点研究期間中は、外国人児童生徒教育問題の現状・課題・ニーズに関する調査と組織体制・ネットワーク作りが主な課題であった。HANDS は外国人児童生徒教育支援事業とそのための実践的研究が中心的課題となっている。自分にとって節目になるような時期がいくつかあり、その時に以下のような文章を書いてきた。

　「遠くから眺めて、対応の遅れや問題点を洗い出して、批判して、私たちの仕事はここまで!」というような時にありがちな研究態度は捨てて、また、『本ブックレットの刊行が子どもたち教育環境の改善の一助になることを願っている』というようなお決まりの文句は忘れて、何をしなければならないのか、何が出来るのか、広い角度から検討していきたい。というか、何らかの回答を出す時期はそう遠くはない。このことを考えると、私は実はすごく緊張している」(『栃木県における外国人児童生徒教育の明日を考える』2008 年、「はじめに」)。

　「国際学部と留学生センターの教員で立ち上げた本プロジェクトは、現在、教育学部教員、県内小中学校教員および日本語指導員を加えたメンバーで構成されている。懇談会の設置を通じて、県・市教委担当者や小中学校の校長と継続的に意見交換する場も作られた。また、年 1 回のシンポジウムを開催してきており、関係者や関心を持つ人と直接対話する場も作ってきた。このように、本プロジェクトを通じて、外国人児童生徒教育問題を様々な立場に立つ関係者が討議する場は確実に広がってきた。しかし、以上のような試みの成果や意味が問われるのはまさにこれからである」(2009 年 12 月のシンポジウムの「総括と展望」)。

　何をしなければならないのか、何が出来るのか、「成果や意味が問われる」

等の文章は、「現場のニーズ」に応えたいという実践性を強く意識した言葉である。もともと、本プロジェクトは、外国籍であることや日本語を母語としない子供たちが学校での学習や適応で苦労していることや担当指導教員の孤軍奮闘に対して何かできることはないかという問題関心からスタートしている。

　HANDSの諸事業が「現場のニーズ」にどれだけ応えているか、多面的に問い続けることが必要だ。最近、現場に詳しい関係者からは、多言語による高校進学ガイダンスの情報が本当に必要とする子どもたちや保護者に伝っていないこと、「就学希望があれば受け入れる」との国の方針はあっても、実際には「拒否されている」事例も少なくないこと、等の厳しい現実を聞かされる機会があった。まだまだ知らないことが多い。また、そもそも「現場のニーズ」とは何なのか。目の前の見えやすいニーズに捕らわれすぎていないか、視点が短期的すぎないか、等の課題もある。人的・物的資源が限られているなかで、大学が最優先にするべきことを検討していく必要がある。これらの課題は調査研究の在り方に直結する課題でもある。HANDSとして直接行ってきた調査研究は、「外国人生徒の中学卒業後の進路状況調査」にほぼ限られる。HANDSを直接間接に支える実践的研究とは何か、この課題を改めて考え直す時期に差し掛かっていると思う。

　プロジェクト期間全体を通じて、「実践」とともに「協働」を強く意識してきた。「協働」をベースにした公共圏構築試みの軌跡は第7章でまとめたが、重点研究とHANDSに関わった学生あるいは研究室の卒業論文や修士論文で外国人児童生徒教育問題に関するテーマに取り組んだ学生との関わりも、「協働」という性格を多分に有していたと思う。私は、出来るだけフィールド・ワークを学生たちと一緒に行うことにしている。学生が主体的に重要な情報をキャッチし、興味深いフィールド先を発見してくることは決して珍しくない。卒論・修論の指導を通じて、初めて知ったことや学んだことは実に多い。また、中国朝鮮族および中国朝鮮族にルーツがある学生との出会いから、中国朝鮮族の出稼ぎ問題に向き合う機会を得た。1990年代以降、日本にルーツがある日系南米人が大量に日

本に出稼ぎに来たのと同様に、朝鮮半島にルーツがある中国朝鮮族が大量に韓国へ出稼ぎに行く事態が生まれた。中国朝鮮族の場合は、長い間、多くが「不法就労者」として就労していたこと、出稼ぎに伴って親子離散の問題が顕著になったこと等、日系南米人の場合とは問題状況が大きく異なっている。しかし、中国朝鮮族の出稼ぎ問題に触れたことで、出稼ぎ現象が持つ問題の大きさと深さの一端を知ることが出来た。中国朝鮮族の学生と一緒に中国延辺州の延吉、汪清、龍井などへ行ったことが懐かしく思い起こされる。卒論や修論の指導を通じて得た学問的な刺激や知見は、直接間接にHANDSの糧となってきた。

　参考までに、外国人児童生徒教育問題や中国朝鮮族の出稼ぎ問題をテーマとした研究室の2004年度以降の論文を挙げておきたい。

卒業論文

- 菅原 径子「在日外国人児童生徒の不就学問題」2004年度
- 高田知佳「在日タイ人の子どもを巡る状況と実態」2004年度
- 松岡真希「在日ブラジル人の子どもたち−その教育環境と課題−」2004年度
- 劉氷「中国帰国生の教育をめぐる現状と課題 - 中国帰国生をめぐる日本語教育対策を中心に−」2005年度
- 石山 悦子「定住化に向けた外国籍児童生徒の未来を拓く教育支援 - 群馬県太田市・大泉町における取組を中心に−」2006年度
- 遠藤歩「外国人児童生徒の教育現場をめぐる問題−担当教員の教育環境に焦点を当てて−」2006年度
- 三成 清香「外国人児童生徒の教育環境−主に栃木県内6校の拠点校訪問を通して−」2007年度
- 矢部昭仁「外国人児童生徒の教育環境」2007年度
- カストロ神谷　ギセラ「ブラジル人学校の現状と問題点−栃木県のブラジル人学校と生徒達−」2009年度

- 松山舞子「外国人生徒の高校進学と入試配慮」2009 年度
- 王　瑛芝「日本における中華学校の現状と展望－横浜山手中華学校を例として－」2011 年度
- 中島久雄「在日外国人の子どもたちの夢を叶える教育支援－中等教育学校と通信制高等学校の取り組みを事例に－」2011 年度
- 菅原里沙「在日ブラジル人学校の存続にはどのような支援が必要か－企業による支援活動に目を向けて－」2012 年度
- 本望茜「南米系外国人学校が抱える問題－さらなる発展に向けて」2012 年度
- 山本可奈「国際子ども学校 ELCC の 14 年間－在日フィリピン人の特徴と学校の現状」2012 年度
- ブラボ　コハツ・ホセ　ラウル「在日ペルー人の 20 年－若者の語りから－」2013 年度
- 木村友美「外国にルーツのある人たちの大学進学－宇都宮大学生 10 名へのインタビュー調査をもとに－」2013 年度

修士論文
- 坂本文子「在日外国人問題と現代日本の市民社会－栃木県内在日外国人の子どもの生活・教育環境問題を事例に－」2005 年度
- 劉氷「中国帰国者の子どもの教育問題－主に高校進学に注目して－」2007 年度
- 遠藤歩「外国人児童生徒の教育に関わる教員の認識－栃木県における外国人児童生徒在籍校調査から－」2008 年度
- 大谷桂子「栃木県における外国人児童生徒の教育環境－少数在籍校の指導体制と地域の日本語指導に関する取り組みを中心に－」2008 年度
- 張京花「中国延辺地域における朝鮮族社会の変容－韓国への出稼ぎを中心として－」2010 年度

- 佐々木弘恵「外国人児童生徒に対する支援の在り方−特色あるNPOの事例検討と中学校卒業程度認定試験制度から−」2012年度
- アギーレ　ヘレーラ　ガブリエラ　マルシア「外国人児童生徒の進路問題−ペルー人児童生徒と保護者を中心に−」2013年度
- 莉李「日本における中華学校の教育に関する考察−横浜山手中華学校を通して−」2013年度
- 鄭文「日本における中華学校のグローバル人材育成に関する研究−横浜山手中華学校を事例として−」2013年度
- 鄭春美「韓国で働く大学卒の中国朝鮮族の実態と意識−アンケート調査結果をベースに−」2013年度

博士論文
- 金英花「中国朝鮮族の国際的な移動と子どもの教育−出稼ぎの変容と留守児童生徒の問題から見る家族生活」2013年度

3　今後の課題

　今後の課題として、現在構想中の研究計画を紹介しておきたい。

　将来の「下層」と「グローバル人材」を分ける決定的な分岐点は、かれらが高校に進学するか、出来るかにあると考えられる。外国人生徒の高校進学率が日本人生徒に比べて低いことが問題視され、関連する研究も増えている。しかし、外国人生徒の高校進学を可能にさせた諸条件について「客観的条件」（経済状態、制度的資本、文化資本等）と「意味世界」の関係を軸に総合的に分析している先行研究はほとんど皆無である。また、外国人生徒の高校進学を可能にさせた客観的・意味的条件を高校進学に至らなかった外国人生徒のデータと比較し、分析する研究もない。さらに、就学コースと進路を結び付けて外国人児童生徒教育の在り方を論じようとする研究もほとんどない。一方で、「グローバル人材」育成に関する議論は、そもそも「外国人児童生徒」を視野に入

れておらず、また、専ら「大学教育の改革」に結び付けて議論されるだけで、初等中等教育の在り方を視野に入れた研究はない。

　このような状況の中で、定住化傾向を強める外国人生徒は、どのような就学コースを経て、どのような職業に就いているのかを課題とし、高校へ進学できなかった／進学しなかった外国人生徒、進学した外国人生徒それぞれの、高校進学をめぐる社会関係資本とかれらの進路（職業）の実態を明らかにする研究が問われている。このような研究は、日本における「下層」の増大・固定化を抑止するとともに、「グローバル人材」を育成するための具体的な知見を見いだせるという点で、実践性もすぐれて高いと思われる。

　外国人児童生徒の就学コースは、6つに分類される。1)高校進学を希望せず、高校進学しなかった場合（不就学や小学校や中学校でドロップアウトした場合を含む）。2) 高校進学を希望したが、進学できなかった場合。3) 高校進学を果たしたが、高校を中途退学したケース。4) 高校進学を果たし、高校を卒業後、就職したケース。5) 高校進学を果たし、高校を卒業、さらに進学をしたケース。6) 小中高のどこかの段階および高校卒業後に本国に帰国したケース。特に、南米系の児童生徒で帰国するケースは相当数に上ると思われる。高校を卒業後高等教育に進学し、その高等教育を中途退学するパターンも考えられるが、極めて僅かだと思われる。このため、分類には入れないが、視野に入れて、必要に応じて検討対象とする。

　外国人児童生徒が置かれている状況や直面している問題は、国籍や母語によって異なる側面がある。文科省「日本語指導が必要な外国人児童生徒の受入れ状況等に関する調査」（2012年5月）によると、日本語指導を必要としている児童生徒の母語別状況は、ポルトガル語32.8%　中国語20.4%　フィリピノ（タガログ語）16.6%、スペイン語12.9%で、この4言語で8割を超えている。構想している研究は、母語・国籍間の相違や格差を分析するため、主要4言語を母語とする外国人児童生徒すべてを対象とする（国籍別では、ブラジル、中国、フィリピン、ペルー）。

さらに、外国人児童生徒教育の実情においては、「地域格差」が大きいことが指摘されてきた。自治体により異なる事情としては、過年の適用、外国人児童生徒入学者への就学案内・通知、高校受検の特別枠や特別措置の有無、定時制高校の数と定員、などがある。外国人生徒の高校進学過程の分析は、「地域格差」の実情を明らかにするものでなければならない。本研究は、北関東(栃木・茨城・群馬県)を主な対象としつつ、必要に応じて他の地域の実情も分析に加える。

　明らかにする課題は、第一に、北関東における外国人生徒の高校進学状況の把握である。これまで、栃木県内のすべての公立中学校を卒業した外国人生徒の高校進学状況を3年間継続的に調査してきたが、その方法を茨城県・群馬県に応用する。第二に、先に示した6つの就学コースに基づき、母語別に25～35人程度(国内5コース3～5人と海外調査10人)のサンプルを抽出し、事例分析する。サンプリングの抽出には相当な時間がかかると予想され、母語別に25-35人が妥当な目標と考える。調査対象者は、過去10-15年くらいの就学コースと進路との関係分析に焦点を当てるため、20-35歳の若年層に設定する。第三に、外国人児童生徒教育に対する日本政府の方針や取り組みを、国際社会のなかで位置付けるため、法・制度的な側面から国際比較する。

　こうした研究の独創性は、外国人生徒の高校進学／非進学過程を「客観的条件」と「意味世界」の領域に分けて整理し、それらの相互の関係について分析するとともに、進路(職業)と結び付けて外国人生徒の高校進学／非進学の意味を多元的に分析する点にあると考えている。この分析によって、地域格差、母語(国籍)間の格差の実態も浮き彫りになる。さらに、その成果を踏まえて、外国人児童生徒の進路保障の実現に向けた具体的な政策を提言出来ることとなるだろう。

　重点研究とHANDSを一緒に進めてきた人たち、直接間接に支えてくれた人たちに心から感謝申し上げたい。このプロジェクトを通じて実に多くの人と出

会うことが出来、様々なことを学ぶことが出来た。宇都宮大学のモットーは、「地域に学び、地域に返す、地域と大学の支え合い」であるが、まさにこのことを意識してきた10年であった。このHANDSがどれほどの意味を持ち続けていけるのか、様々関係者と協議を重ねていきたい。そして、HANDSを直接間接に支える研究をさらに追究していく。

　HANDSをコーディネーターとして支えてきてくれた矢部昭人さんと船山千恵さんに特に感謝の意を表したい。HANDSがスタートする2年前の2008年4月に多文化公共圏センターは開設したが、矢部さんは2年間センターの職員を務めたのち、HANDSのコーディネーターとなった。矢部さんは社会人学生として国際学部を卒業したが、私の研究室で外国人児童生徒教育問題に関する卒業論文を書いた。外国人児童生徒の教育権をどのように保障することが出来るのかという強い問題意識の下で、夜間中学をはじめ様々な現実を丁寧に調べていたことを記憶している。もっと条件の良い就職先が内定していたのにも関わらず、多文化公共圏センター設立の趣旨に理解をしてくれて、センター最初の2年間を支えてくれた。矢部さんの献身的な貢献がなければ、センターもHANDSも軌道に乗らなかっただろう。

　船山千恵さんには、矢部さんが諸事情でHANDSから離れた後の後任に来ていただいた。スペイン語の単語帳の刊行を計画する時期であったので、スペイン語に堪能であること、外国人児童生徒の問題に深い関心と熱意を持っていること、コーディネーターというハードな仕事に耐えるパワーを持っていること等の条件を思い浮かべながら人選を考えていくなかで、若林秀樹さん（国際学部特任准教授）が「この人しかいない！」と勧めてくれたのが、船山さんである。確かにそうであった。様々な仕事を用意周到にこなしてもらうことでHANDSは動いてきたし、わたしがすべき仕事をテキパキと整理し、「これはいつまでに、あれはいつまでに‥」と様々な形で指示いただく手腕とプレッシャーのおかげで、物忘れがちなわたしもHANDSに乗り遅れないで来ることが出来た。

おわりに

　本書の素材をなした主な論文は以下の通りである。ただし、本書をまとめるにあたって大きく加筆・修正を加えているものがいくつもある。
　(1)「栃木県における外国人児童生徒の教育問題を考えるために」『栃木県における外国人児童生徒教育の明日を考えるために』（研究代表　田巻松雄）2008 年 3 月、(2)「多文化共生と共生に関するノート」『宇都宮大学国際学部研究論集』第 26 号、2008 年 10 月、(3)「本プロジェクトの歩みと今後の展望」『栃木県における外国人児童生徒教育の明日を考える』（平成 21 年度宇都宮大学特定重点推進研究最終報告書）、2010 年 3 月、(4)「外国人労働者問題の日韓比較に関するノート」『国際学部研究論集』2011 年 9 月、(5)「栃木県における外国人生徒の進路状況」『国際学研究論集』第 33 号、2012 年 2 月、(6)「国際学と国際学部の課題～新構想学部に関する議論と『グローバル人材』に対する要請との関連を中心に～」『多文化公共圏センター年報』4 号、2012 年 3 月、(7)「外国人生徒の高校進学問題―入試配慮に焦点を当てて」『理論と動態』2012 年 10 月、(8)「栃木県における外国人生徒の高校進学状況」『部落解放研究』第 19 号、2013 年 1 月、(9)「ニューカマー系外国人学校の現状と課題」『多文化公共圏センター年報』5 号、2013 年 3 月

　最後になったが、重点研究から HANDS を通じて度々取材に来ていただいた下野新聞社記者の荻原恵美子さんと田面木千香さん（宇都宮大学国際学部卒業生）、本書の刊行にご尽力いただいた嶋田一雄さんとデザイナーの橋本剛さんに厚く御礼を申し上げる。田面木さんには 2013 年夏に国際学部が主催した「国際キャリア開発プログラム」の講師もご担当いただいた。新聞記者の仕事、経験、実践についての話は、受講者に大きな刺激を与えたようである。嶋田さんに本書を国際学叢書として刊行したい旨申し入れたのは、昨年の 10 月の末だったと記憶している。突然、かつ極めて厳しいスケジュールでのお願いであるにも関わらず、ご理解いただくとともに、国際学部設立 20 周年（2014 年度）を祝う記念誌を出版しないかとのご提案も頂いた。この記念誌については、国際学部および留学生・国際交流センターの全教員で準備中である。主に栃木県をフィールドに展開してきたプロジェクトの成果を地元の新聞社から出版できることは、この上ない喜びである。
　本書の刊行が、外国人児童生徒教育問題の理解の促進と関係者のつながりに少しでも貢献できれば幸いである。

2014 年 1 月 16 日　田巻松雄

2010年10月25日(月) 下野新聞
「低い高校進学率解消へ」宇大が初開催

低い高校進学率解消へ

宇大が初開催

外国籍生徒に情報提供

参加100人 6カ国語で解説

宇都宮大の多文化公共センターは24日、宇都宮市峰町の同大峰キャンパスで、日本語が母語でない外国籍の中学生と保護者を対象にした「多言語による高校進学ガイダンス」を初めて開催した。国内の高校進学率は98%だが、外国籍生徒に限ると50%前後にとどまるとされる。ガイダンスを企画した同大国際学部の田巻松雄教授は「低い進学率の要因の一つに、情報不足があるのではないか」とみている。

(秋間美紀子)

ガイダンスはポルトガル語、中国語、スペイン語など6カ国語で行われ、県内全域から生徒・保護者約100人が参加。県内の高校の種類、学科の特色、学費、入試方法といった基本情報について通訳者が説明した。

質疑応答では「奨学金はどこで申し込めるのか」「推薦入試を受けるにはどんな手続きをしたらいいのか」といった質問が相次いだ。

宇都宮市峰町の中大生らが6カ国語で高校進学のイダンスを翻訳した。

学校基本調査によるデータすると、県内の外国人児童生徒(小学校・中学校)は約1,400人。しかし、高校進学状況については「つかめていない状況」(田巻教授)という。義務教育ではない高校への進学は生徒本人や保護者の判断に委ねられるが、外国籍の場合は日本語が高い壁となっている。田巻教授は「経済的事情だけでなく、必要な情報が得られず進学を断念するケースも多いのではないか」と懸念する。

ガイダンスのニーズは高いとみて、今後、県内各地での開催も検討している。

ボリビアから2年前に来日した当山雄一さん(15)は米巻、県立高進学に再挑戦する。日初めて聞いた話は日本語でのスムーズな会話はまだ困難で、母国語のスペイン語により情報を集められる機会はほとんどない。母親のジャネットさん(35)とともに「今たくさんあって、来て良かった」と話していた。

参考資料 『教員の声』

2011年12月4日（日）下野新聞
「外国人の児童生徒教育創作劇通じ支援策論議」

言葉の壁や偏見超えよう

外国人の児童生徒教育
創作劇通じ支援策論議

宇大HANDSプロジェクト

県内の大学教授や小中学校教員で組織し、外国人児童生徒の教育について研究している宇都宮大のHANDS（ハンズ）プロジェクトは3日、宇都宮市峰町の宇都宮大で「外国につながる子どもフォーラム2011」を開いた。創作劇などを通し、言葉の壁や偏見克服などを考えた。

創作劇は、ペルーから来日した小学3年生ミゲル君が主人公。ネックレスをつけて登校し、全員であいさつする前に給食を食べ始めて級友の反発を受け、日本語が分からない母親には学校からの諸連絡が伝わらず、学級担任は困惑する―という内容。同大学生が小中学校での指導体験を基に創作し、上演した。

客席の教員や学生からは「このままではミゲル君は不登校になってしまう」「日本人児童に文化の違いを教えなければ」「担任や保護者に対する学校・地域全体の支援が必要」などの意見が出た。

小中学校教員らによるシンポジウムも開催。外国人家庭に必要な情報を届ける難しさ、地域の人たちに広く関心を持ってもらう大切さなどが話し合われた。

（荻原恵美子）

ペルー人児童の学校生活をめぐるトラブルを描いた創作劇＝3日午後、宇都宮市峰町の宇都宮大

〈著者紹介〉

田　巻　松　雄（たまき・まつお）

　1956年、北海道夕張市生まれ。宇都宮大学国際学部教授。筑波大学大学院博士課程社会科学研究科修了。社会学博士。国際社会論、地域社会論や現代日本社会論などを担当。主な研究領域としては、現代日本の下層問題、グローバル化と人の移動、外国人児童生徒教育問題などがある。
　2008年度多文化公共圏センターセンター長。2013年4月より国際学部長。
　主な著書に、『夕張は何を語るか　炭鉱の歴史と人々の暮らし』（編、吉田書店、2013年）、『日本・アジア・グローバリゼーション』（編著、日本経済評論社、2011年）、『Collective Action: Selected Cases in Asia and Latin America』（共著、Universidad de Colima・Utsunomiya University 2011）、『栃木県における外国人児童生徒教育の明日を考える』（研究代表、2008年）、『世界ホームレス百科事典』（監訳、明石書店、2007年）、『地域研究の課題と方法　アジア・アフリカ社会研究入門　理論編』（編著、文化書房博文社、2006年）、『偏見から共生へ　名古屋発ホームレス問題を考える』（共編著、風媒社、2003年）、『自然災害と国際協力　フィリピン・ピナトゥボ大噴火と日本』（編著、新評論、2001年）などがある。

宇都宮大学国際学叢書
地域のグローバル化にどのように向き合うか
―外国人児童生徒教育問題を中心に―

平成26年3月28日　初版　第1刷発行

著　者：田　巻　松　雄
発行者：宇都宮大学国際学部
発行所：下野新聞社
　　　　〒320-8686 宇都宮市昭和1-8-11
　　　　電話 028-625-1135（事業出版部）
　　　　http://www.shimotsuke.co.jp
印刷・製本：株式会社シナノパブリッシングプレス
装丁：デザインジェム

©2014 Matsuo TAMAKI
Printed in Japan
ISBN978-4-88286-549-0　C3036

＊本書の無断複写・複製・転載を禁じます。
＊落丁・乱丁本はお取り替えいたします。
＊定価はカバーに明記してあります。